내 삶의 주인이 되는 기술

HUMAN TECHNOLOGY

내 삶의 주인이 되는 기술

HUMAN TECHNOLOGY

일지 이승헌 지음

한문화

HUMAN TECHNOLOGY

완전한 삶으로 안내하는 HT의 지혜

건강을 원한다면 숨과 몸으로 돌아가라.
'안에서 밖으로' 삶의 태도를 바꿔라.
아랫배는 따뜻하게 머리는 차갑게 하라.
천천히 깊고 가볍게 숨을 쉬어라. 화났을 때는 더욱더.
언제 어디서나 꼬리뼈를 말아 단전에 기운을 모아라.
목적과 책임을 갖고 성을 즐겨라.
삶의 목적을 발견할 때까지 영혼의 목소리에 귀 기울여라.
영혼이 알려준 길을 정직, 성실, 책임감을 가지고 걸어가라.
습관보다 변화가 더 쉬워지도록 몸을 단련하라.
답을 원한다면 뇌에게 물어보라.
당신은 당신이 선택하는 것이고 행동하는 것이다.
이유 없이 얼굴엔 미소, 마음엔 평화.
가족끼리 치유를 통해 소통하라.
성공이 아닌 완성을 추구하라.
죽는 순간에 숨을 내쉬는 것을 잊지 마라.

차 례

완전한 삶으로 안내하는 HT의 지혜 5
책을 읽기 전에 8
저자의 말 12

01 왜 휴먼 테크놀로지인가? 15

02 내 건강은 내가 지킨다 29

03 건강의 핵심 원리 37

04 숨과 몸으로 돌아가자 45

05 꼬리뼈의 비밀, HSP 정충호흡 75

06 성과 휴먼 테크놀로지 95

07 자녀와 성에 대해 대화하기 105

08 영혼을 향한 여행 : 성찰 115

09	영혼의 여행 : 자각	125
10	영혼과 함께하는 여행 : '선택'과 '존재함'	137
11	뇌가 핵심이다	157
12	뇌 감각 깨우기와 뇌 유연하게 하기	165
13	뇌 정화하기와 뇌 통합하기	181
14	뇌의 주인되기	195
15	문제는 가정이다	207
16	인간성 회복의 길, HSP 현상과 법칙	219
17	함께 창조하는 내일	239

휴먼 테크놀로지 정보와 만나는 곳	250
휴먼 테크놀로지 실천서	251

책을 읽기 전에

우리의 삶을 치유하는 가장 위대한 도구는 바로 우리 자신이다. 이 사실을 모르는 사람은 없지만 제대로 알고 있는 사람 또한 드물다. 아는 것과 이해하는 것은 별개이기 때문이다. 지식이 아무리 많아도 그 지식을 제대로 이해하지 못한다면 아무 소용이 없다. 알고 있는 지식을 아주 제한적으로 적용할 수밖에 없기 때문이다.

지혜란 '적용할 수 있는 지식'이다.

이 책에서는 인간에 대한 지식을 적용할 수 있는 매우 특별한 방법들을 탐구하고 있다. 우리는 이러한 지식을 통해 더 나은 삶에 도달할 수 있다. 그것은 바로 외부 제도의 도움이나 개입, 혹은 약물에 의존하지 않는 삶이다.

모든 인간은 전적으로 스스로의 삶에 만족하고, 자신을 치유할 수 있으며, 자기 삶의 주인이 될 수 있다는 것이 이 책의 핵심이다. 다시 말해 인간이라면 누구나 한 번뿐인 인생에서 자아를 실현할 수 있다는 말이다. 하지만 많은 사람들이 이러한 자명한 진리를 체험하지 못한 채 살아가고 있다.

몸과 마음이 건강하려면 우리 생명과 몸의 가장 기초적인 작용 원리를 이용해야 한다. 여기에는 특별한 기술과 방법이 필요한데 지금 우리 사회에는 전반적으로 이러한 요소가 부족하다. 당면한 병의 치료에만 관심을 쏟고 예방은 소홀히 하는 태도에서 그 원인을 찾아볼 수 있을 것이다. '예방' 이야말로 병을 치료하는 가장 효과적인 방법이다.

인간의 행복은 얼마나 잘 사느냐에 달려 있다. 하지만 놀랍게도 많은 사람들이 잘 살아가지 못하고 있는 실정이다. 가장 중요한 건강의 측면에서 보자면 아마도 고가의 의료비를 감당할 능력이 없기 때문이라고 말할지도 모른다. 사실 이 말도 틀린 것은 아니다. 그러나 우리가 하는 의료 치료는 대부분이 '예방'이 아닌 병에 '대응'하는 과정이며 의료비의 대부분도 그러한 과정에서 발생한다. 사실 병을 예방하는 데에는 돈이 거의 들지 않는다는 것을 우리도 이미 잘 알고 있다.

지금 우리에게 필요한 것은 전문가가 아닌 일반인들도 쉽게 접할 수 있으며 간단하며 활용 가능한 예방법이다. 지금껏 우리는 믿을 만하며 누구나 쉽게 이용할 수 있는 건강 유지 시스템을 잊고 지내 왔다. 지금 우리에겐 건강한 삶을 살아갈 수 있는 '도구'가 절실히 필요하다.

그러나 더 중요한 문제는 따로 있다. 이러한 도구를 찾아내서 활용하는 것이 한 개인의 문제에 국한된 것이 아니라는 것이다. 인류 전체의 행복한 삶이 지금 위협받고 있다. 인간이라는 종種의 정신과 육체의 건강에 위험이 닥쳐오고 있다.

우리가 지금 잘 살고 있지 못함은 분명하다. 사람들이 서로를 대하는 모습을 보면 우리가 얼마나 불행한지 알 수 있다. 우리가 건강하고 조화롭고 행복하게 살아가고 있다면 지금처럼 서로를 대하지는 않을 것이다. 하지만 이러한 현실에 어떻게 대처해야 할지에 대해서는 아무도 그 어떤 확실한 방법을 제시하지 못하고 있다. 생채기가 나면 반창고를 붙이는 것에 급급한 세상에서 어떻게 예방을 논할 수 있겠는가.

이 책은 치료 이전에 예방하는 방법을 알리기 위해 쓰였다. 한 사람 한 사람의 건강과 그 한 사람이 모여 인류 전체가 행복으로 가는 길을 안내하는 책이다.

이 책에서 설명하고 있는 일부 접근법은 나를 비롯한 대부분의 서구인들에겐 생전 처음 듣는 것들일 수도 있다. 그러므로 나는 개인적으로 그 내용을 보증한다고 말할 수는 없다. 즉 효과가 있는지 없는지 나 자신도 체험해 보지 않았으니 알 수 없다. 하지만 나는 그 방법들이 제시하는 가능성에 이끌린다. 그 방법들을 통해 소중한 것을 발견할 수 있다는 가능성이 나에게는 매우 감사한 일로 여겨진다.

진정한 인간, 제 기능을 다해내는 인간이란 어떤 것인지 우리는 본능적으로 알고 있음을 명심해야 한다. 이러한 세계로 우리를 안내하고 이제껏 한번도 경험하지 못한 많은 가능성을 제시해 준 일지 이승헌 박사에게 깊은 고마움을 전한다.

닐 도날드 월시

 저자의 말

"대광大光은 무명無明이며 대성大聲은 무음無音이다."
너무 큰 빛은 볼 수 없고 너무 큰 소리는 들을 수 없다. 진리는 항상 자기 스스로를 드러내나, 너무나 확연하기에 우리는 진리를 알아보지 못하는 경우가 많다. 대신에 관념과 타성이 만들어 낸 환상 속에서 우리의 삶을 반복한다.

더 나은 삶을 창조하기 위해 우리는 삶에 대해 도전적인 질문을 던진다. 현재 우리가 사는 방식이 정말로 최선인가? 이것이 진정 자연스럽고 인간다운 삶인가? 그렇다고 검증받은 삶인가, 그렇지 않은가?

지금까지 우리는 삶의 편리와 복지를 위해 수많은 제도를 만들었다. 그러나 제도가 발전함에 따라 반대로 점점 제도에 삶을 끼워 맞춰 살아가게 되었다. 인생에서 정말 중요하고 소중한 질문에 대해서는 다른 누가 아닌 바로 나 자신만이 대답할 수 있다. 제도와 전문가는 단지 그러한 개인의 교육을 도울 때에 가장 이상적이다. 모든 개인은 자기 삶의 주인으로 살아가는 감각을 회복해야 한다. 그때에 기술은 인간 위에 군림하는 것이 아니라 인간에게 봉사하게 된다.

이 책에서는 삶의 세 가지 핵심 문제인 '건강'과 '성性'과 '삶의 목적'을 스스로 이끌어 나갈 수 있는 '휴먼 테크놀로지'를 담고 있다. 그러나 이것은 출발점이지 최종 답안이 아니다. 나는 휴먼 테크놀로지를 통해 교육의 회복, 인간관계의 회복, 자연과 인간의 조화와 회복을 도울 수 있기를 진심으로 바란다.

우리는 더 건강하고 더 행복하며 더 평화로운 사회를 건설하고자 하는 소망을 품고 있다. 나는 그 소망의 힘을 믿는다. 나는 통찰력 있는 용기를 통해 선택하고, 행동으로 이러한 소망을 실천에 옮기는 사람들이 역사를 만들어 나간다고 믿는다.

우리가 후손에게 물려줄 수 있는 가장 값진 유산은 '인간성 회복'이며, 이를 통해 후손들은 더욱 심오하고 의미 있는 삶을 경험하게 될 것이다. 이 책에 소개하는 휴먼 테크놀로지를 잘 활용한다면 우리 생애에 위대한 유산을 창조할 수 있을 것이다.

―指 이승헌

01

왜 휴먼 테크놀로지인가?

건강을 원한다면 숨과 몸으로 돌아가라
휴먼 테크놀로지는 제도나 전문가에게 의지하지 않고 스스로의 책임 하에
삶의 질을 높이는 기술이다. 이런 '삶의 기술'을 익히기 위해 우선,
몸의 지혜에 귀 기울여 자기조절력과 자연치유력을 회복하라.

HUMAN TECHNOLOGY

　오늘날 세상에는 삶의 의미와 더 나은 삶을 사는 방법을 설파하는 메시아들로 넘쳐 난다. 이들은 정치, 종교 혹은 교육계에 몸담고 있으면서 사업이나 교육 혹은 환경 문제 등을 통해 진보적인 메시지를 전달하고 있다. 하지만 세계적인 영향력을 행사하는 지도자들과 이들이 이끄는 운동이 모든 개인에게 깨달음을 가져다 준다 할지라도 실상은 인간 의식의 피상적인 변화를 이끌어 내는 것에 불과하다.

　물론 그런 진보라도 없는 것보다는 낫다. 이 세상을 더 좋은 곳으로 만들고자 평생을 헌신하고 창조적인 노력을 기울인 여러 지도자들에게 나는 감사를 드린다. 나 또한 교육자로서 이러한 문제를 고민해 왔다. 그러나 지난 20년간 노력해 왔음에도 불구하고 내가 느끼는 위기감은 조금도 사라지지 않았다. 나는 이 세계가 올바른 속도로 발전하고 있다고 생각하지 않는다. 도전이란 무엇인가? 왜 더욱 의미 있는 진보가 더 빨리 일어날 수 없는 것일까?

　우리가 이성적으로 삶의 기술을 잘 활용한다면 진보의 속도를 좀 더 높일 수 있을 것이다. 그렇다면 이 기술은 어떤 기술인가?

삶의 기술

그동안 인류 역사는 수많은 기술을 창조하고 개발하며 완성하여 활용하는 과정이었다. 이제껏 인류는 진보를 통해 삶을 연장하기도 했지만, 급속도로 빨라진 삶의 속도를 쫓아가지 못해 자포자기하기도 했다. 우리는 대개 "삶의 질을 향상 시킨다"는 대전제를 달고, 사회적 행복을 증진시킨다는 미명하에 진보를 이루어 왔다. 그런데 이런 진보 중에는 지금까지도 그 의미를 파악할 수 없는 것들도 있다.

컴퓨터가 처음 세상에 나왔을 때 나는 저토록 복잡한 기계가 나와 무슨 상관이 있겠느냐 싶었다. 하지만 지금 나는 하루에 두 번 이상 이메일을 확인하며 이제 컴퓨터 없는 생활은 도저히 상상할 수 없다. 한때 연구실에서만 사용했거나 전문가들만이 독점했던 기술이 어느새 우리의 일상생활에 전파되었다. 이 세계가 변화하는 속도가 나는 놀라울 따름이다. 그리고 우리가 향유하는 이 안락함에 그저 감사할 따름이다.

그러나 발전된 기술과 안락한 삶이 내 가슴 속에 응어리처럼 자리 잡고 있는 의문에 해답을 제시해 주지는 못했다. 그 의문은 바로 어떻게 하면 모든 사람들이 건강한 삶을 영위할 수 있는가 하는 것이다. 기술은 목표를 신속하게 달성하게 한다. 그러나 우리는 속도에 집착함으로써 목표를 달성해야 하는 진짜 이유를 놓치고 있다. 만약 우리가 유해한 정보에 취약하다면, 부정적인 생각이나 영상 매체에 더욱 빨리 노출되는 현실이 우리에게 과연 이롭기만 한 것인가?

'테크놀로지Technology' 라는 말은 '기술의 연구' 라는 뜻의 그리스어에서 왔다. 인쇄기, 증기기관, 라디오와 TV 등이 과거 우리의 삶을 바꾸어 놓았다면, 오늘날은 생명공학과 IT 기술이 미래의 삶을 바꾸고 있다. 하지만 이러한 기술은 제도나 전문가들에게 먼저 걸러진 뒤에 사람들에게 영향을 미친다는 사실을 명심해야 한다. 제도나 전문가들의 의도가 아무리 훌륭하다 해도 그들의 판단이 개개인의 판단과 책임을 대신할 수는 없다.

우리에게 필요한 것은 성숙한 삶을 경험할 수 있는 간단한 기술이다. 개인이 기계나 제도에 의지하지 않고도 스스로의 책임 하에 이용할 수 있는 그런 기술이 필요하다. 나는 이러한 기술을 휴먼 테크놀로지, 즉 HT라고 부른다. 휴먼 테크놀로지는 삶에서 가장 중요한 부분인 건강, 성, 삶의 목적을 스스로 다스리기 위해 필요한 원칙과 실천방법을 의미한다. 나는 이 휴먼 테크놀로지야말로 가장 중요한 테크놀로지라고 생각한다. 바로 삶의 기술이기 때문이다. 이 기술을 통해 우리는 더욱 주체적이고 완전한 삶을 영위할 수 있을 것이다.

언젠가 나는 주요 일간 신문사 기자와 만날 기회가 있었다. 그 기자는 건강 트렌드에 대한 기사를 쓰고 있었다. 나를 인터뷰하던 도중 그 기자는 자신이 위가 심하게 아파서 고생하고 있다는 말을 했다. 위장의 통증 때문에 일주일에 이틀 정도는 아무것도 먹지 못한다는 것이다. 특히 원고 마감에 쫓길 때면 증상이 더 심하다고 했다. 게다가 벌써 삼 년째 고생 중이었다. 아프면 어떻게 응급처치를 하느냐는 나의 질문에 기자는 진통제를 먹는다고 대답했다.

초현대식으로 숨 가쁘게 돌아가는 그 기자의 사무실을 떠올려 봤다. 책상에는 최신식 노트북이 놓여 있을 것이고 클릭 한 번이면 온갖 건강 정보들이 모니터에 떠오른다. 바로 온라인 천국이다. 수많은 전화선들은 기자와 수십 군데의 건강 관련 단체를 연결해 줄 것이다. 아마도 이 기자는 이런 최신 테크놀로지를 사용하는 데 아무런 어려움을 느끼지 않을 것 같았다.

나는 단지 긴장을 풀고 간단한 호흡법을 실천하고 규칙적으로 몇 군데 지압해 주는 것만으로도 그 기자가 위의 통증을 없애는 데 큰 도움이 되리라는 것을 알고 있다. 위에는 특별한 이상이 없다는 의사의 진단에도 불구하고 그의 증세는 더욱 심해져만 갔다. 의사조차도 그 기자에게 몸과 마음을 편하게 가지라고 말할 정도였다고 한다. 그러면서도 의사는 진통제를 처방해 준다. 잠깐 동안은 약이 효과가 있기 때문이다. 그 기자는 그동안 그런 불편을 겪으면서도 자신의 생활 방식을 바꾸거나 약이 아닌 다른 방법을 시도해 보려는 생각은 조금도 하지 않았다.

사무실과 진료실에서 아무리 최신 기술을 사용한다 하더라도 당사자는 건강 문제를 해결하기 위해 수동적으로 의사에게 매달릴 뿐이었다. 휴먼 테크놀로지로 건강을 다스리는 대신 약이라는 테크놀로지에 의지하기로 한 것이다.

그 기자의 약물 복용 습관이 최악이라는 사실도 알게 되었다. 더욱 안타까운 점은 자신이 약에 의존하고 있다는 사실을 당사자는 그리 심각하게 생각하지 않는다는 것이었다. 적어도 그 기자는 이 세상을 다 가지고 있는 셈이긴 하다. 눈부신 경력과 인터넷 그리고 진통제가 있으니 말이다. 위의 통증쯤은 사소한 문제로 여기면서도 그것을 제대로 관리하지는 못한다는 것, 아니 관리 자체가 없다는 사실은 안중에도 없어 보였다.

이렇게 중독 증세를 대수롭지 않게 생각하는 사람들을 보면 나는 걱정스럽고 화가 나기도 한다. 건강만 놓고 생각해 볼 때 의사라면 환자에게 약은 부작용이 있을 수 있으며 장기 복용하면 효과가 없을 수 있다고 경고할 것이다. 경제적인 면에서도 산업국가에서 약값으로 나가는 비용은 국민보건 재정에 큰 부담으로 작용하고 있다.

하지만 약물에 의존하는 이런 태도에서 나를 가장 안타깝게 하는 것은 따로 있다. 이런 태도는 우리의 몸과 몸의 지혜가 분리되어 있음을 반영하는 것이다. 타고난 자기조절력과 자연치유력이 얼마나 대단한 것인지 망각한 태도이다. 무언가에 의존해서 문제를 해결하려는 태도는 자기 생명의 진정한 고동 소리를 듣지 못하는 데서 비롯된다.

우리가 몸이 보내는 신호와 리듬에 민감하게 반응한다면 씨줄과 날줄처럼 얽혀 있는 풍요롭고 경이로운 삶을 생생하게 체험할 수 있다. 속이 더부룩하거나 발끝이 저리거나 통증이나 불쾌감과 같은 몸의 신호는 창조적인 욕구나 영적인 성장과 관련한 의미를 내포하고 있을 수 있다. 이러한 감각을 통해 나와 내가 몸담고 살아가는 지구와의 관계를 다시 한번 떠올릴 수도 있다. 그러나 우리의 감각 능력이 무관심이나 약물 중독으로 제구실을 못하면 몸의 감각이 전하고자 하는 의미를 제대로 이해할 수 없게 된다.

휴먼 테크놀로지의 과제는 몸에 대한 무관심을 떨쳐내도록 사람들을 돕는 것이다. 사람들이 몸을 제대로 알 때 비로소 진정한 삶을 향한 여행을 떠날 수 있기 때문이다.

지난 20년간 내가 사람들에게 가르쳐온 모든 방법과 원칙이야말로 휴먼 테크놀로지이다. 휴먼 테크놀로지는 기존의 '하이 테크놀로지'와는 전혀 다른 개념이다. 여가 시간을 늘리거나 업무 속도를 높이거나 언제 어디서나 정보와 연결되어 있도록 하는 것이 아니기 때문이다. 물론 기술의 진보도 인간의 삶에서 매우 중요하다. 그러나 휴먼 테크놀로지는 치료나 증상이 아닌 예방과 건강에 초점을 맞추어 삶에 적용가능한 기본적인 기술이다.

휴먼 테크놀로지의 핵심 내용

나는 휴먼 테크놀로지의 철학과 내용을 우리 일상에서 항상 접하고 있는 세 가지 분야로 나누어 소개할 예정이다. 바로 건강, 성, 삶의 목적이 그것이다. 우리는 학교, 직장, 종교 그 어디에서도 이 책에서 설명하고 있는 통합적인 기술을 배우지 못했다.

이 세 가지 핵심 내용은 개인적인 차원뿐 아니라 사회적인 차원에서도 의미가 있다. 산업화된 국가들은 복지 정책을 위해 엄청난 지출을 부담해야 한다. 성에 대한 문화적 관습은 개인의 성에 지대한 영향을 미칠 수 있다. 영혼과 삶의 목적에서 깨달음을 얻는 것 또한 개인적이고 사적인 문제임과 동시에 그 사회에 영향을 미친다. 자신의 영혼을 제대로 이해할 때 삶을 인도해 줄 길잡이를 발견할 수 있다. 개인의 인생의 목적은 개인 차원뿐 아니라 사회 차원에서도 퍼즐의 한 조각을 이루며 삶을 이어가는 것이다. 자기 삶의 목적을 진지하게 탐구하는 사람일수록 사랑, 연민, 조화, 평화와 같은 고귀하고 심오한 사회적 가치를 실현하는 인생을 살아간다고 나는 생각한다. 또한 그러한 사람들이야말로 자신이 속한 공동체에 긍정적이고 영속적인 공헌을 하게 된다고 생각한다.

내 삶의 주인이 되는 기술

현재 우리가 사는 방식이 최선인가? 이것이 진정 자연스럽고 인간다운 삶인가? 삶의 질을 높이려면 어떻게 해야 하는가? 누가, 무엇이 우리 삶에 가장 큰 영향을 주는가?

현대를 사는 우리는 각종 제도에 의존해 삶의 기초적인 문제를 해결한다. 그러다보면 스스로의 판단보다 제도화된 지식을 우선 고려해야 할 때도 있다. 과연 그것이 옳은 결정일까?

먼저 스스로에게 진정 변화하고 싶은지 물어보자. 우리 모두는 각자의 삶을 책임져야 한다. 아무도 우리 선택을 대신 책임져 주지 않는다. 삶에 영향을 주는 사건 자체를 우리가 만들어 내거나 통제할 수 없을지도 모른다. 그러나 우리가 경험하는 모든 것에 대해서는 창조하고 통제할 수 있다.

이 진실을 알고 있다고 해서 삶의 경험을 적극적으로 창조해 낼 수는 없다. 사실 그 반대의 경우가 더 일반적이다. 변화하고 싶은 마음이 부족해서라고 생각하지는 않는다. 다만 인생의 가장 기초적인 문제를 성공적으로 해결할 수 있는 원칙과 실천방법을 제대로 사용할 줄 모르기 때문이다. 그리고 자신도 모르게 외부 조건에 너무 과도하게 의지해 왔기 때문이다.

복잡한 기술들이 급속하게 증가하면서 사회는 점점 전문화되고 있다. 즉, 사회는 점점 더 제도화되고 있다. 그 결과 부지불식간에 가장 개인적인 문제에도 '나' 라는 주체는 사라지고 전문가들의 의견이 등장한다. 이런 전문가 의존 현상은 어디에서나 쉽게 찾아볼 수 있다. 의사와 영양학자들은 어떻게 건강을 지키고 무엇을 먹어야 할지 결정해 준다. 아동 심리학자들은 아이를 어떻게 키워야 하는지에 대해 충고한다. 학교의 상담원들은 아이들을 어떻게 교육을 시켜야 할지 설명해 준다. 이런 상황에서 우리는 사생활에서 사회적 경험에 이르기까지 삶의 세세한 부분을 제대로 영위하기 위해 최소한의 지식만을 습득하게 되었다.

이제 우리는 개인이든 사회라고 부르는 개인의 집합이든 건강에 대해서는 망각하고 살아간다. 적어도 의사가 우리가 걸린 질병에 대해 진단을 내리는 청천벽력과도 같은 순간이 닥치거나 테러범, 기업가들 혹은 정부에 의해 사회의 건강이 위협을 받게 되기 전까지는 말이다. 그때가 되어서야 우리는 사태를 바로잡으려 든다. 하지만 그 순간조차도 예방은 우리의 주된 관심사가 아니다.

현대인의 삶은 삶의 질에 대해 진지한 고민 없이도 살 수 있도록 변해가는 것 같다. 그러나 이런 문제를 깊이 탐구해 보지 않고 살아가는 삶이란 너무도 공허하다. 이 세상에서 사는 동안 내면의 평화나 영속적인 기쁨 혹은 진정 중요한 그 어떤 것도 결코 경험할 수 없기 때문이다. 결국 고요하고 절망뿐인 삶을 살 수밖에 없을 것이다.

우리는 수많은 시스템, 제도와 기술을 만들어 편리와 복지를 추구하고 있다. 시스템이 거대해지고 복잡해질수록 다른 방식을 찾기보다는 그 시스템에 자신을 맞추려고 애쓰게 마련이다. 전문적인 지식에 너무 과도하게 의존하다 보니 우리에게 주어진 거대한 테크놀로지의 이면을 꿰뚫어 보려고 하지 않거나 그럴 능력조차 상실해 버리고 말았다.

건강만 해도 그렇다. 컴퓨터를 이용한 진단 장비를 비롯한 전문 의료장비가 우리의 몸 상태를 제대로 분석하고 진단하고 의료 서비스를 제공할 수 있을 것이라고 맹신한다. 장비가 복잡하다 보니 기계에 지레 겁을 먹은 사람들은 아무도 자기 몸의 지각 능력이 얼마나 위대한지 이해할 엄두조차 내지 못한다. 너무나 많은 사람들이 낯선 타인을 보듯 자신의 몸을 대한다. 자신의 생활 태도가 건강을 해칠 수 있음을 알면서도 굳이 바꾸려 들지 않는다. 대신 병이 심각한 단계에 도달한 뒤에야 기술을 이용한 보건 제도에 의지한다. 이처럼 스스로의 건강을 위해 질병의 예방에는 거의 무관심한 현실이 나는 너무나 개탄스럽다.

우리는 오로지 전문가의 손만 빌려야 하는 기술에 너무 많이 매달린다. 이런 태도는 진정한 자기 자신의 삶을 위한 것이 아니다. 제도나 전문가는 가장 중요한 자기 인생의 질문에 대답해 줄 수 없다. 이것은 온전히 개인의 문제이며 자신의 삶에 비추어서만 답할 수 있는 문제이다.

삶의 질은 더욱 편리하고 완벽한 제도를 만든다고 향상시킬 수 있는 것이 아니다. 휴먼 테크놀로지의 원칙과 구체적인 실천방법을 통해서 자신의 삶의 주인이 되는 법을 이해할 때 비로소 삶의 질을 높일 수 있을 것이라고 나는 기대한다. 그런 연후에야 제도는 인류 위에 군림하는 것이 아니라 더 나은 삶을 위해 봉사하는 본연의 자리로 돌아갈 것이다.

휴먼 테크놀로지는 우리가 삶의 주인이 될 수 있는 힘을 회복시켜 진정한 행복에 도달할 수 있도록 한다. 나는 이 기술이 MRI나 컴퓨터 혹은 그 어떤 완벽한 교육 제도보다 더욱 소중한 가치가 될 수 있기를 희망한다.

02

내 건강은 내가 지킨다

'안에서 밖으로' 삶의 태도를 바꿔라

건강에 문제가 생기면 우리는 습관적으로 외부에서 치료법을 찾고자 한다. 휴먼 테크놀로지는 단순하면서도 자연적인 치유법을 배워 일상적인 건강문제를 해결함으로써 일반적인 질병을 예방하고 다스리는 데 그 목적이 있다. 즉, 우리 안에서 해결책을 찾으려는 태도이다.

HUMAN TECHNOLOGY

　금방 감기라도 걸릴 것처럼 으슬으슬 추워지면 당신은 어떻게 하는가? 약국에 가서 약을 사는가? 병원에서 진찰을 받는가? 그것도 아니면 감기에는 약이 없으니 그저 나을 때까지 기다리는가? 아니면 환절기 독감이 찾아오기 전에 예방 접종을 하지 않은 것을 후회하는가?

　부모라면 누구나 열이 끓어오르는 아이 옆에서 밤을 새워본 경험이 한두 번쯤 있을 것이다. 가족 중 누가 심한 감기에 걸려 고생하는 모습을 보면서 내가 할 일은 없을까 고민한 적도 있을 것이다. 이럴 때마다 약물 처방이나 복잡한 전문적 지식까지는 아니더라도 누구나 자신 있게 사용할 수 있는 유용한 응급 처치 방법을 알고 활용하는 날이 오기를 나는 희망한다.

　건강은 매일같이 스스로 챙겨야 한다. 이를 위해서 먼저 우리 몸이 건강을 유지할 수 있는 기본 원칙부터 확실하고 자세하게 이해해야 한다. 자세하다고 해서 이성적으로 접근하라는 말은 아니다. 우리의 몸을 사랑하는 사람 대하듯 해야 한다는 말이다.

　스스로를 돌본다는 것 즉 삶의 주인이 된다는 것은 우리가 가치 있는 존재라고 선언하는 것이며 자신의 가치를 스스로 인정한다는 뜻이기도 하다. 우리의 몸에 내재해 있는 감각에 눈을 떠야 한다. 건강해지고 있을 때나 건강을 잃어갈 때 그 사실을 몸으로 느낄 수 있어야 한다.

이러한 관점에서 우리는 무엇보다 먼저 인간이 지니고 있는 내부의 치유력부터 이해해야 한다. 몸의 주인으로서 우리는 휴먼 테크놀로지를 이용하여 이 과정이 제대로 이루어지고 강화될 수 있도록 노력할 필요가 있다. 건강이 좋지 않을 때는 몸의 타고난 치유 메커니즘을 극대화하도록 애써야 한다고 나는 믿고 있다.

특히 건강과 관련하여 휴먼 테크놀로지에서는 다음의 두 가지 사항을 강조한다. 첫째, 질병은 인체의 기氣의 균형이 맞지 않으면 발생할 수 있다. 그러므로 다음 장에서는 기에 대해 설명하겠다. 둘째, 우리의 행동과 생활양식이 건강을 유지하거나 해치는 직접적인 원인이라는 사실을 명심해야 한다. 건강에 좋은 습관을 생활화함으로써 얻은 행복은 그 무엇과도 비교할 수 없을 정도로 소중하다. 건강을 생각한다면 다음의 요소를 모두 고려해야 한다. 기의 순환, 육체적 건강, 정신적이며 정서적인 행복, 그리고 사회적 건강이다. 바로 이 요소들이야말로 삶의 질을 결정하는 밑바탕이 될 것이다.

건강관리 기술의 습득

어떤 사람들은 신체적인 한계를 지니고도 확고한 의지를 가지고 삶의 목적을 추구하는 인생을 살아간다. 그러나 그런 사람들은 소수의 영웅에 불과하다. 대다수의 사람들은 육체적 혹은 정신적 질환으로 고통을 겪으면서 자신만 고통 받는 것이 아니라 주위에도 그 고통을 옮기게 마련이다. 결국 그들은 스스로의 성격과 인간관계에 파탄을 자초한다. 가족 중 중병을 앓고 있는 환자가 있을 때 가정의 행복을 유지하기가 얼마나 어려운지 경험해 본 사람은 알 것이다. 그러니 건강은 단지 개인이나 가족에게만 국한되는 문제가 아니다. 사회적이며 전 국가적인 차원에서 다루어야 할 문제다. 건강하다는 것은 생산성을 저해할 수 있는 만성적인 질환이 없다는 뜻임과 동시에 사회 활동에 정상적으로 참여할 수 있음을 의미하기 때문이다.

건강관리는 이제 국가 경제에 막대한 영향력을 행사하고 있다. 선진국을 보면, 의료비 지출이 국민총생산에서 차지하는 비율이 대략 10%에 달한다. 미국은 2005년에 이 수치가 14%에 달했다. 주로 치솟은 의료비와 더욱 진보한 의료 기술의 결과였다. 이렇게 지출한 돈을 과연 잘 썼다고 말할 수 있는 것일까?

그러므로 나는 우리 모두가 다음과 같은 장점을 지닌 건강관리 기술을 배우기를 제안한다. 그것은 바로 부작용의 위험은 낮으면서 효과는 높고 비용은 적게 들지만 쉽게 배워 활용할 수 있는 휴먼 테크놀로지 기술이다. 나는 개인과 가족이 이 기술을 활용할 수 있기를 바란다.

'안에서 밖으로' 삶의 태도를 바꾸자

당신은 건강과 관련한 여러 문제를 해결할 수 있는 기술과 자신감을 충분히 지니고 있는가? 진보된 과학 기술이 아니면 건강을 돌볼 수 없다고 생각하는 사람들도 많다. 하지만 사람들의 마음 깊은 곳에서는 기초적인 욕구를 해결하기 위해 필요한 자원이 잠재해 있다. 꾸준하게 건강을 유지하는 삶이 우리의 정상적인 일상이 되어야 한다. 바로 이러한 마음가짐은 휴먼 테크놀로지의 잠재력을 충분히 활용하는 데 매우 중요하다.

휴먼 테크놀로지에서 강조하는 삶의 태도는 '안에서 밖으로' 흐르게 하는 것이다. 현재의 삶은 '밖에서 안으로' 흐르고 있는데 이는 건강에 역행하는 태도다. 대부분의 사람들은 삶을 외부에서 발생하는 사건의 연속으로밖에 보지 못한다. 그 사건들은 개인의 경험의 과정에 영향을 미치거나 결정을 내리도록 하기도 하고, 그 과정에서 발생한 사건을 처리하기 위해 또 다시 외부에서 해결책을 모색하게 된다. 이런 사고방식을 지닌 사람은 건강에 문제가 생기면 습관적으로 외부에서 치료법을 찾으려고 한다. 그래서 상황에 따라 카운슬러, 의사 또는 각 분야의 전문가를 찾는다.

하지만 우리의 뇌가 얼마나 특별하고 우리 몸의 자연치유력이 얼마나 대단한지 깨닫는다면 오히려 본능적으로 자기 자신에게 의지하게 될 것이다. 즉 우리 안에서 해결책을 찾으려는 태도이다.

바로 이것이 휴먼 테크놀로지의 핵심이다. 휴먼 테크놀로지는 삶에 대한 태도를 '안에서 밖으로' 향하게 돌려서 자기 삶의 주인이 되는 길에 한 발 더 다가가게 한다. 풍요롭고 충만하며 보람된 삶을 살기 위해서 무엇이 필요한지 알려주는 것이다.

휴먼 테크놀로지에 기초한 건강관리는 단순하면서도 자연적인 치유법을 배워 일상적인 건강 문제를 해결함으로써 일반적인 질병을 예방하고 다스리는 데 그 목적이 있다. 호흡, 몸, 몸에 흐르는 기氣 등은 그 원리와 원리를 적용할 기초적인 기술만 이해한다면 언제든지 사용할 수 있는 도구가 될 것이다.

인생은 '우리에게' 일어나는 경험의 집합체가 아니라 '우리에 의해' 일어나는 경험이 되어야 한다. 우리는 자기 삶의 주인이 될 수 있다. 사실 우리는 항상 주인이었다. 휴먼 테크놀로지는 실제 생활에 주인이 될 수 있는 도구를 제공해 주기 위해 만들어졌다.

이제부터 건강관리를 위해 필요한 기본적인 원칙과 실천방법인 호흡, 명상에 대해 설명하고자 한다. 이 주제에 대한 설명은 간단하면서도 알기 쉽게 되어 있기에 이 책에 나온 기술을 스스로 활용해 볼 수도 있을 것이고 가족에게 해 줄 수도 있을 것이다.

이 책의 초입에서 나는 최신 기술을 언급하며 컴퓨터에 대한 이야기를 했다. 컴퓨터를 사용하는 사람이라면 사용 중에 갑자기 에러창이 뜨면서 다운이 되어 당황했던 경험이 있을 것이다. 초보자들은 그럴 때 대부분 전문가나 AS 직원을 불러 수리를 한 후 다시 사용한다. 만약 기술자가 우리에게 알려준 대처법이 코웃음이 나올 만큼 간단한 것이었다면 이후로는 같은 상황에서 그리 크게 당황하지 않을 것이다. 전에는 왜 그렇게 당황했을까 하는 생각도 들 것이다.

휴먼 테크놀로지를 알게 되면 컴퓨터에 대해 알게 되었을 때와 똑같은 느낌이 들 것이다. '밖에서 안을' 들여다보았을 때처럼 그렇게 복잡하거나 어렵지 않다는 걸 알게 될 것이다. 이제 삶의 방향을 '안에서 밖으로' 전환해 보자.

그렇다면 이제 건강의 기본 원리를 한번 살펴보자.

03

건강의 핵심 원리

아랫배는 따뜻하게 머리는 차갑게 하라
우리 인체에서 수승화강이 제대로 이루어지면 아랫배는 따뜻하고 머리는 시원해진다. 정신적으로도 긍정적이고 편안한 기분을 느낀다. 수승화강의 상태는 바로 휴먼 테크놀로지에서 다루는 모든 건강법이 추구하는 목표이다.

HUMAN TECHNOLOGY

고대 그리스와 동양의 전통 의학에서는 자연계가 물, 불, 흙과 공기의 기본 원소들로 이루어져 있다고 설명해 왔다. 동양사상은 이 네 가지 원소에 공기 대신 목木과 금金을 포함시켰다.

이 원소들의 특성과 작용에 대한 설명은 농경 민족들이 수 세대에 걸쳐 관찰한 내용에 그 기원을 두고 있다. 이들은 인간과 지구와 우주 사이의 관계를 예리한 시각으로 관찰했다. 현실을 단순하고 직관적으로 관찰했기에 가능했던 일이었다. 오늘날 우리는 이러한 원소들을 상징이나 은유의 대상으로만 보지만, 전통 의학에서는 건강의 원리를 이해하는 데 유용한 열쇠가 되었다.

먼저 흙과 공기에 대해서 살펴본 후 균형과 조화를 이루어 내는 불과 물에 대해서도 알아보도록 하자. 물과 불이 이루어내는 조화로운 균형이 최상의 질서를 이루고 있을 때 우리는 그것을 생명이라고 부른다. 적절한 양의 물과 열이 상위의 질서를 이룰 때 비로소 생명이 탄생한다. 이 생명을 유지하기 위해 산소를 호흡하고 양분을 소비하기 위해 공기와 흙이 필요하다. 건강이란 이 네 가지 원소가 균형을 이루기 위해 역동적인 질서를 갖는 것을 의미한다. 즉 이 질서가 최적의 상태에 있을 때 건강한 상태라고 말하는 것이다. 그런데 그 균형이 깨어져 질서에 혼란이 생기면 병적인 상태가 된다.

모든 생명체는 물과 불이 균형을 이룰 때 가장 건강해진다. 다시 말해 이 두 원소의 균형이 깨어지면 건강의 질서가 무너지고 반드시 병에 걸린다.

불은 상승하려 하고 물은 하강하려 하는 속성이 있다. 위로 올라가는 뜨거운 공기와 떨어지는 빗방울을 생각해 보면 쉽게 이해할 수 있다. 이것은 물과 불의 가장 자연스러운 현상이다. 그리고 엔트로피 Entrophy가 증가하는 상황으로 기가 이동하는 모습이기도 하다. 바로 무작위성과 무질서가 증가하는 상태를 말한다. 그러나 이것이 전부는 아니다.

수승화강 水昇火降

지금부터 하려는 이야기는 아주 자연스럽지만 앞에서 한 이야기와 근본적으로 다르다. 즉, 물이 위로 솟고 불은 아래를 향한다는 것이다. 이러한 기의 흐름은 엔트로피의 자연스러운 감소라는 기적을 창조한다.

이를 '수승화강 水昇火降' 이라고 하는데 "물은 위로 올라가고, 불은 아래로 내려간다"는 의미이다. 수기水氣는 상승하는 반면 화기火氣는 하강한다. 무질서도인 엔트로피를 극복함으로써 이러한 기의 흐름은 생명을 완성시키는 것이다.

수승화강의 예는 주변에서 쉽게 찾아볼 수 있다. 지구에서 일어나는 물의 순환을 생각해 보자. 햇빛이라는 화기가 지구로 내려오면 강과 호수와 대양의 수기는 대기 중으로 올라가 구름이 된다.

또는 식물의 기에 대해 생각해 보자. 식물은 화기가 충만한 햇빛을 받아 잎으로 내려 보낸다. 반면 수기는 식물의 뿌리를 통해 땅속에서부터 줄기를 타고 올라온다. 이러한 기의 순환으로 식물과 나무는 성장하고 열매를 맺는다. 겨울에 땅이 꽁꽁 얼어붙어 식물이 물을 빨아올릴 수 없으면 잎은 떨어지고 아무런 열매도 맺히지 않는다. 자연스러운 기의 순환이 다시 시작될 때까지 생명 활동은 동면 상태에 들어간다.

이러한 수승화강의 원리는 인간의 건강을 설명하는 핵심 원리이기도 하다. 인체가 균형을 이루고 있으면 차가운 수기가 등을 타고 올라가 머리로 향하는 반면, 뜨거운 화기는 가슴을 타고 아랫배로 내려간다. 이것이 완전한 기의 순환이다. 이러한 순환을 반복하면서 생명은 균형과 영속성을 얻는다. 그래서 아마 이런 말들을 들어보았을 것이다. "뱃속에 불이 난 것 같다." 혹은 "머리는 서늘하게 해야 좋다."

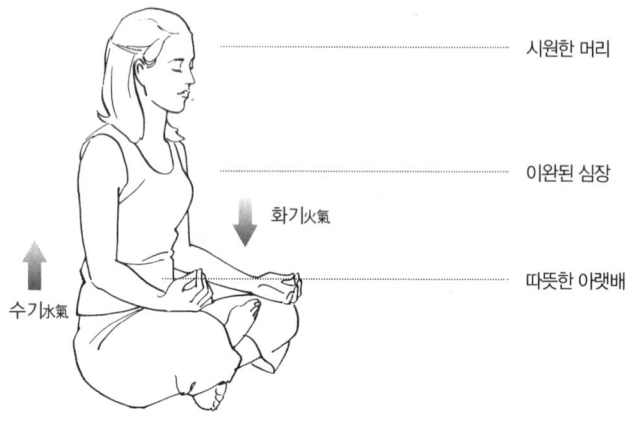

[수승화강水昇火降의 상태]

이와 같은 자연의 순환으로 기능하는 장기가 신장과 심장이다. 이 장기들은 '단전丹田'이라고 하는 우리 몸 안에 위치한 기의 중심의 도움을 받는다. 단전은 대략 배꼽에서 3~5cm 정도 내려가서 다시 뱃속으로 5cm 정도 들어간 곳에 위치한다. 신장에서는 수기가 발생하며 심장에서는 화기가 만들어진다. 인체의 기의 흐름이 부드럽고 균형이 잡혔을 때 단전은 열을 신장으로 보내며 수기를 위로 보낸다. 수기가 척추를 따라 위로 가면 뇌는 시원하고 상쾌해진다.

심장의 화기가 가슴을 따라 내려가면 아랫배와 장은 따뜻하고 유연해진다. 이러한 기의 순환에서 아랫배에 있는 기의 중심인 단전은 가장 중요한 기능을 수행한다.

만약 기의 흐름이 역행하여 화기가 올라가고 수기가 내려오면 아랫배는 요동을 치고 어깨와 목은 뻣뻣해질 것이다. 심장이 심하게 두근거리거나 피로를 느낄 수도 있다. 이러한 상태에서 만성 변비와 과민성대장증세와 같은 장이나 순환기계에 문제가 발생한다.

수승화강에 문제가 발생할 때는 다음의 두 가지를 의심해 봐야 한다. 첫째로 기를 안으로 그러모아 저장하는 단전이 너무 약해 제 기능을 수행하지 못하고 있는가 하는 점이다. 이 경우 두뇌 활동을 지나치게 많이 하면 화기가 머리로 올라가 몰린다.

두 번째는 스트레스가 원인이다. 스트레스는 가슴을 통해 하강하는 기의 흐름을 방해한다. 이 흐름이 정체되면 기가 내려가지 못하

수기가 올라가고 화기가 내려옴	화기가 올라가고 수기가 내려옴
순환이 잘 됨, 생기 넘침	순환이 끊어짐, 생기 없음
입안에 향긋한 침이 고임	입이 마르고 쓴맛이 느껴짐
손과 발이 따뜻함	손과 발이 차가움
머리가 시원하고 상쾌함	머리에 열이 나며 두통이 생김
아랫배가 기로 충만하고 따뜻함	아랫배가 차고 기가 부족함
규칙적인 장운동	변비와 소화불량이 발생
전반적으로 상쾌하고 활력이 넘침	피로하며 불편한 느낌

[건강 상태 VS 반건강 상태]

고 역행해 다시 머리로 올라가게 되며 불안감이나 초조감 같은 심인성 증세가 나타난다.

우리의 인체는 수승화강이 제대로 이루어지면 아랫배가 따뜻하고 머리는 시원해진다. 손과 발은 따뜻하고 입 안에는 침이 충분하게 고이며 눈과 귀가 밝아진다. 정신적으로도 긍정적이고 편안한 기분을 느끼게 된다. 이렇게 기의 순환이 조화로운 상태에서는 자연스럽게 긍정적이고 창조적인 사고를 하게 된다.

수승화강의 상태에서는 신장과 심장을 비롯한 모든 장기들이 더욱 잘 기능 한다. 수승화강의 상태가 바로 휴먼 테크놀로지에서 다루는 모든 건강법이 추구하는 목표이다. 바른 호흡, 명상, 도인체조, 지압 등이 인체의 수승화강을 돕는 실천방법들이다.

04

숨과 몸으로 돌아가자

천천히 깊고 가볍게 숨을 쉬어라. 화났을 때는 더욱더
올바로 숨을 쉬면 마음을 더 잘 다스릴 수 있는데
그것이야말로 최상의 건강을 유지하는 비결이다.
화와 분노를 삭이고 예민해진 신경을 다독이는 가장 좋은 방법은
모든 것을 멈추고 심호흡을 하는 것이다.

HUMAN TECHNOLOGY

휴먼 테크놀로지라고 할 수 있는 효과적인 치료법은 매우 다양하다. 호흡, 명상, 체조, 식이요법이나 댄스와 같은 다양한 방법을 통해 몸과 마음의 균형을 이룰 수 있다. 특히 호흡은 가장 간단한 방법이다. 살아있다면 호흡을 하지 않을 수 없기 때문이다. 따라서 호흡은 하고 안 하고가 아니라 어떻게 할 것인가의 관점에서 접근해야 한다.

호흡은 네 가지 단계가 순환하며 이루어진다. 즉, 들이쉬기, 머금기, 내쉬기 그리고 잠시 쉬기이다. 내쉴 때가 가장 편안하며 들이마시기 전에 잠시 호흡을 멈추게 된다. 들이쉴 때 가장 힘이 들며 내쉬기 전에 잠시 숨을 머금게 된다.

사람이 숨 쉬는 모습을 보면 그 때의 감정이나 육체의 상태를 가늠해 볼 수 있다. 다시 말해 호흡으로 건강한 상태를 이끌어 낼 수 있다. 숨만 제대로 쉬어도 건강 유지에 큰 도움이 된다. 올바른 호흡이야말로 건강을 위한 기본 중의 기본이다. 숨 쉬는 법을 바르게 하는 것만으로도 건강을 회복한 사람들을 나는 아주 많이 봤다.

수많은 과학자들이 만성적인 스트레스 때문에 질병이 발생할 수 있다는 데 동의하고 있다. 사실 스트레스를 유발하는 상황이나 환경이 오히려 유용한 경우도 있다. 그런 상황에 처하면 스트레스를 다스리는 손쉬운 방법을 떠올릴 수 있다는 점에서는 그렇다. 우리는 감정을 조절하거나 마음을 다스리는 기술을 통해 스트레스에 대한 반응을 개선할 수 있다. 올바로 숨을 쉬면 마음을 더 잘 다스릴 수 있는데 그것이야말로 최상의 건강을 유지하는 비결이다.

   화와 분노를 삭이고 예민해진 신경을 다독이는 가장 좋은 방법은 모든 것을 멈추고 심호흡을 하는 것이다. 제대로 숨을 쉬고 매일 기회가 생길 때마다 의식적으로 숨을 쉬려는 노력을 한다면 건강에도 좋다. 숨쉬기는 휴먼 테크놀로지의 실천방법 중에서도 가장 단순하면서도 강력한 효과를 발휘한다.

들숨과 날숨, 어느 것이 먼저인가

우리는 들이쉬는 숨을 '들숨' 이라 하고 내쉬는 숨을 '날숨' 이라 한다. 다음의 질문을 잠시 생각해 보자. 생명은 숨을 들이쉬면서 시작될까 아니면 내쉬면서 시작될까? 자신이 태어나던 순간을 기억할 수는 없지만 아이가 태어나는 순간을 생각해 보면 알 수 있다. 아이는 숨을 내쉬면서 첫울음을 운다. 인간은 태어날 때 "으앙!" 하고 울음을 터트리며 세상에 자신의 탄생을 알린다. 그 울음과 함께 아이의 작은 폐를 채우고 있던 숨이 나가고 그 자리에 공기가 들어오면서 세상에서의 첫 호흡을 하게 된다. 바로 이 찰나의 과정이 생명체와 위대한 자연이 교감하기 시작하는 첫 순간이다.

원래 호흡이라는 단어는 '내쉴 호呼'와 '마실 흡吸'이라는 두 한자어가 결합한 것으로 생리학과 철학적인 의미를 내포하고 있다. '호呼'는 숨을 내쉬고 '흡吸'은 숨을 들이마시는 것을 의미한다. 단어의 순서가 '흡호'가 아니라 '호흡'이라는 데 주목하라. 이것이야말로 글머리에서 제시한 물음의 해답이 아니겠는가.

생명은 자신을 비움으로써 시작한다. 생명의 리듬은 먼저 비워둔 자리를 다시 채우는 동시에 시작된다. 내 안에 머금고 있던 작은 숨을 내보냄으로써 자연의 위대한 공기를 얻는 것이다. 우리의 작은 생각에 이 생명의 사상을 접목시킨다면 깨달음에 이르는 것은 어려운 일이 아니다.

이제 죽음을 살펴보자. 생명이 다하는 순간 우리는 숨을 내쉴까 들이쉴까? 임종을 지켜본 경험이 있는 사람은 수많은 사람들이 마지막 순간에 숨을 들이쉬는 것을 목격했을 것이다. 숨을 들이쉬는 이유를 여러 가지로 생각해 볼 수 있다. 아마 생명의 불씨가 꺼져 가는 순간에 남아 있는 마지막 힘으로라도 생명을 연장해 보려는 인체의 본능적인 행동이 아닐까.

숨을 들이쉬려면 에너지가 필요하다. 그러나 내쉬는 데는 전혀 힘이 들지 않는다. 지금 당장 숨을 들이쉬고 내쉬어 보면 잘 알 수 있을 것이다. 들이쉰 숨은 자연스럽게 밖으로 나온다.

삶에 대한 집착이 강할수록 마지막 힘까지 그러모아 숨을 들이쉬려고 할 수밖에 없다. 그래서 숨을 들이쉬면서 임종을 맞이하는 사람들이 있는 것이다. 숨을 들이쉬는 순간에 멈추면 턱하고 숨이 막힌다. 그래서 마지막 숨을 들이쉬며 죽음을 맞이하는 사람은 고통스러울 수밖에 없다. 들이쉬면서 죽는다는 것은 죽지 않으려고 발버둥을 치다가 결국 고통스럽게 죽을 수밖에 없음을 의미한다. 반대로 이제까지 살아온 삶에 만족하면서 죽음 후에도 자신의 존재가 영속하리라는 것을 확신하는 사람들은 대부분 숨을 내쉬면서 마지막을 맞이한다. 편안한 죽음을 맞이하는 것이다. 이 점을 명심할 필요가 있다. 올바른 호흡이란 죽음의 순간에도 잊어서는 안 될 만큼 중요하다.

건강에 이르는 숨쉬기

숨쉬기는 너무 쉬워서 심사숙고할 필요도 없다. 들이쉬고 내쉬는 과정에 집중해서 자연스럽게 리듬을 타다보면 호흡은 저절로 깊어진다. 하지만 이 정도도 시간이 없어서 못 하겠다는 사람들이 대부분이다. 호흡은 너무나 자연스러운 행동이라 어떤 사람은 평생 동안 단 한 번도 의도적으로 호흡의 메커니즘을 구사하지 않기도 한다. 즉 하루에 한 번이라도 최소한 의식적으로 숨을 들이쉬고 내쉬는 행위를 하는 일 없이 지내는 것이다.

호흡의 깊이와 건강은 아주 밀접한 관계가 있다. 나이가 어리면 어릴수록 깊은 호흡을 하며 나이가 들수록 호흡은 얕아진다. 신생아가 숨을 쉴 때 보면 아랫배가 올라갔다 내려갔다 한다. 그러나 나이를 먹으면서 호흡의 중심이 서서히 위로 이동한다. 그래서 '배호흡'에서 '가슴호흡'으로 그리고 다시 '어깨호흡'으로 올라온다.

노인이나 중병을 앓고 있는 환자들을 보면 숨을 쉴 때마다 어깨가 들썩인다. 그만큼 숨이 얕기 때문이다. 가장 얕은 숨을 우리는 '목숨'이라고 한다. 어깨에서 목으로 올라와 이보다 더 숨이 얕아지면 결국 목숨이 끝나는 것이다.

호흡의 단순한 규칙을 자꾸 연습 하다보면 숨이 자연히 깊어진다. 가장 기초적인 원칙은 깊고 가볍고 자연스럽게 숨을 쉬라는 것이다. 호흡 과정은 당연히 자연스럽지만 거기에 깊이와 가벼움이 더해지지 않으면 건강을 기대할 수 없다. 그런데 깊으면서 가볍게 숨을 쉬는 일이 가능할까? 우리는 깊이와 무거움을 그리고 가벼움과 얕음을 동일시하는 경향이 있다. 얼핏 보기에 조화시키는 일이 불가능해 보이는 가벼움과 깊이를 어떻게 조화시킬 수 있을까?

그 비밀은 단전호흡

단전에 의식을 집중하면 자연히 깊은 숨을 쉴 수 있다. 단전은 인체의 기가 모이는 곳이다. 그 위치는 배꼽에서 3~5cm 정도 아래로 내려가 다시 뱃속으로 5cm 더 들어간 곳이다.

숨을 쉬면서 마음을 이 부위에 집중한다. 숨을 들이쉴 때 아랫배가 나오고 내쉴 때는 들어가는 것을 느낄 수 있다. 이러한 동작을 천천히 반복하면서 호흡에 집중한다. 만약 어려우면 한 손은 가슴에 대고 다른 손은 아랫배에 댄다. 그리고 숨을 쉬면서 가슴의 손은 그대로 두고 아랫배에 올린 손을 움직인다.

매일 약간의 시간을 내어 이런 호흡을 하다보면 자연스럽게 이 호흡에 익숙해지고 생활의 일부분으로 자리잡게 된다. 그렇게 되면 깊은 호흡을 하면서 하루를 보낼 수 있게 된다. 이러한 호흡법을 단전호흡이라고 부른다.

단전호흡은 횡격막의 움직임과 매우 밀접한 관련이 있다. 횡격막은 둥근 형태를 이루고 있으며 호흡을 돕는다. 횡격막은 한편으로는 심장과 폐 사이의 경계를 이루며 다른 한편으로는 이 두 장기와 나머지 장기들인 위, 비장, 췌장, 간장, 신장, 방광과 대장 및 소장이 들어선 공간을 구분하는 역할도 한다.

우리가 깊이 숨을 쉴 때, 숨을 들이쉬면 횡격막이 내려가고 내쉬면 올라온다. 횡격막의 움직임이 클수록 폐는 더 크게 확장될 수 있으며 더 많은 산소와 이산화탄소를 각각 들이쉬고 내쉴 수 있는 것이다.

횡격막은 하부 흉곽에 붙어 있으며 가늘고 긴 근육이 요추까지 이어져 있다. 우리가 크고 깊게 숨을 쉬면 들이쉴 때 배꼽, 하부 흉곽 및 허리가 늘어나면서 횡격막을 아랫배 더 아래로 밀어내게 된다. 숨을 내쉬면 이 동작이 반대로 일어난다. 따라서 깊은 단전호흡을 하면 장기의 노폐물을 제거하고 혈액 순환과 연동 운동을 촉진하는 데 매우 큰 도움이 되며 림프액의 순환에도 도움이 된다.

단전호흡을 하면 깊고 자연스럽게 호흡을 하게 된다. 그렇다면 어떻게 호흡을 가볍게 할 수 있을까? 그것은 기쁨과 감사의 마음이 충만한 상태로 호흡을 하면 된다. 들이쉴 때는 우리 몸에 감사하고 내쉴 때는 이 땅에 감사하면 숨을 쉴 때마다 자연히 입가에 미소가 서린다. 바로 깃털처럼 가벼운 숨을 쉬는 것이다. 아주 간단하지 않은가!

호흡을 이용해 마음 다스리기

감정 혹은 정신의 상태는 인체에서 다양한 형태로 나타난다. 체온, 맥박, 혈압, 호흡, 안색과 뇌파를 통해 드러날 때도 있다. 이런 상태를 나타내는 현상 중에서 특히 호흡은 다른 것들과 차이가 난다. 앞에서도 언급했듯이 호흡은 의식하지 않아도 저절로 일어난다. 하지만 인체의 다른 작용과는 달리 자율신경계의 통제를 받고 있으면서도 우리가 의식적으로 조절할 수도 있다. 호흡처럼 간단하지는 않지만 혈압을 내리거나 심장 박동을 느리게 하는 것뿐만 아니라 뇌파까지도 의식적으로 바꾸는 일은 가능하다.

우리의 몸과 마음은 서로 밀접하게 연결되어 있기 때문이다. 마음은 물리적 증상으로 표현되며 물리적 증상은 마음의 상태를 보여준다. 마음과 몸이 상호작용을 하는 것이다. 몸을 다스림으로써 마음의 상태를 바꿀 수 있다. 거꾸로 자신의 마음을 잘 인식하면 몸이 경험하는 상태를 손쉽게 바꿀 수 있다.

호흡은 마음을 인도하는 중요한 도구가 될 수 있다. 마음이 산란하면 올바른 판단을 할 수 없다. 이런 상황에서는 중요한 결정을 하게 되면 큰 실수를 할 수도 있다. 상황을 전체적으로 보지 못해서 사고를 일으킬 수도 있다. 감정이 격해진 상황에서도 심호흡을 세 번만 해도 실수나 사고를 피할 수 있다. 그런데 이 간단한 사실을 모르는 사람도 드물지만 제대로 실천하는 사람도 드물기에 안타까운 일이 아닐 수 없다.

나는 올바른 숨쉬기 습관으로 행복에 이를 수 있다고 확신한다. 만약 지금 화가 나는 일이 있다면 머리로 그 상황을 분석하려 들지 마라. 대신 호흡에 집중하라. 이 방법이 훨씬 간단하고 효과적이다. 잠시만 생각을 멈추고 호흡에 온 마음을 집중해라. 심호흡을 하면 마음이 평온해져서 현재의 상황을 더욱 잘 판단할 수 있다. 이는 아무리 강조해도 지나침이 없다.

신선한 공기 호흡하기

이런 말을 들어보았을 것이다. "그 아가씨는 한 줄기 바람처럼 신선해." 혹은 "신선한 공기가 들어오게 하자."와 같은 표현들 말이다.
　신선한 공기만큼 좋은 것도 없다. 신선한 공기를 싫어하는 사람도 없을 것이다. 정신을 차려서 다시 일을 시작하도록 하는 데 신선한 공기만큼 도움이 되는 것도 없다. 몸과 정신이 모두 건강하고 올바른 상태를 유지하려면 신선한 공기를 마시고 몸 속의 노폐물을 배출해 주기만 하면 된다. 상쾌한 공기를 마시고 노폐물을 뱉어내는 행위가 바로 호흡이다.
　이제부터 나는 여러분이 이제껏 한 번도 생각해 보지 못한 이야기를 해 보려고 한다.
　생각은 뇌의 호흡이라 할 수 있다. 우리가 공기를 몸 안으로 끌어들이듯 뇌가 하는 생각도 그렇게 일어난다. 호흡은 기계적인 행위이다. 숨을 쉬기 위해 생각할 필요는 없다. 숨을 쉬기 위해 특별히 해야 하는 일도 없다. 자연스러운 신체 활동일 뿐이다. 호흡은 저절로 일어난다. 몸이 그렇게 하기 때문이다.

생각도 기계적이다. 생각을 하기 위해 생각을 할 필요는 없기 때문이다. 생각을 하려고 몸을 어떻게 할 필요는 없다. 생각이란 뇌의 일상적인 활동의 결과물이다. 생각은 저절로 일어난다. 뇌가 그렇게 하기 때문이다.

물론 몸이 숨 쉬는 것과 뇌가 생각하는 것은 별개의 문제다. 그러나 둘 다 우리가 조절할 수 있지만 그렇게 하는 사람이 별로 없다는 점에서 비슷하다.

뇌가 좋아하는 명상

명상은 뇌가 깊게 숨 쉬는 방식이다. 뇌를 위한 단전호흡인 것이다. 먼저 몸과 마음이 복잡하게 상호 연결 되어 있다는 사실을 명심하자. 단전호흡이 마음을 안정시키는 것처럼 명상은 몸을 평온하게 만든다. 명상은 명상을 하는 사람이 스스로를 바라보는 의식적인 과정과 그 상태에 도달하는 방법을 모두 일컫는 말이다.

명상은 마음을 평온하게 만드는 도구로서 명상하는 사람이 자신을 더욱 명확하게 볼 수 있게 한다. 대부분 명상을 이런 것이라고 알고 있을 것이다. 그러나 많은 사람들이 놓치고 있는 사항도 있다. 명상은 우리의 의식이 깨어 있을 때 자연스럽게 일어나는 현상이라는 것이다.

궁극적으로 명상은 다른 각도의 의식으로 자신을 들여다 보는 과정이다. 즉, 자기가 없는 상태로 가는 방법을 말한다. 이런 상태는 설거지를 하거나 개를 산책시키거나 잔디를 깎거나 혹은 식사 준비를 하면서도 경험할 수 있다. 사실 정성들여 식사를 준비하는 과정 자체가 훌륭한 명상이다.

휴먼 테크놀로지 명상은 '바로 지금 이 순간'에 초점을 맞춘다. 명상을 함으로써 온전히 현재에 존재함을 의미한다. 지금 이 순간에 일어나거나 일어나지 않는 모든 것을 인식한다는 것을 뜻한다. 현재는 내일도 어제도 아니다. 지금 현재 일어나는 일 외에 존재하는 것은 아무것도 없다.

현재를 인식하게 되면 명상은 자신과 이 순간을 분리하는 과정으로 넘어간다. 이 과정은 자신을 관찰하면서 지금 이 순간에 살아 있고 다음과 같이 말하는 자신을 들여다 보는 것이다. "내 몸은 내가 아니야. 내 몸은 나의 것이야. 내가 내 몸을 창조했지만 나 자체는 아니야. 나는 내 몸의 창조자이면서 관찰자야. 하지만 나는 관찰되고 있는 대상이 아니야."

이 과정은 진정한 자아를 깨닫는 것으로 휴먼 테크놀로지 명상의 목표이자 결과이다. 그리고 뇌가 깊이 호흡하는 경험이다. 신경학적인 관점으로 명상을 설명하자면 의식이 무의식의 경계를 넘어가는 것이라 말할 수 있다. 즉, 의식이 지식과 오감의 배타적인 영역으로부터 나와 고차원적인 사고를 담당하는 뇌의 신피질과 감정을 관장하는 변연계 사이의 경계로 침투하는 것이다. 나는 명상을 통해 무의식이 들어 있는 마음의 자물쇠를 열어 의식과 무의식이 하나로 뭉칠 수 있다고 생각한다. 나는 개인적으로 그러한 경험을 했다. 앞으로 신경 과학자들이 이 현상에 대한 객관적인 설명을 제시할 날이 오기를 희망한다.

나는 의식이 있는 상태에서 무의식과 하나로 되는 그 과정을 깨달음의 한 형태라고 생각한다. 진정한 자아에 눈을 뜨고 의식과 무의식이 하나임을 인식하는 것이다. 이러한 경험을 하고 나면 무의식 상태에서 의식의 영역을 바라볼 수 있다. 사고나 생각으로 걸러지지 않은 진짜 나를 만날 수 있는 것이다. 이것을 '초연하게 바라보기'라 부른다.

휴먼 테크놀로지에서는 가장 기초적인 명상 수련으로 단전호흡과 지감止感 수련을 결합했다. 지감수련을 통해 기에 대한 민감도를 개발하고 주의 깊게 사고하며 올바르게 호흡하면 마음을 다스리고 바로 현재에 머물 수 있다.

다음에 소개하는 수련법을 통해 빠른 시간 내에 편안한 집중 상태에 도달할 수 있다. 우리는 우리 몸을 들고 나는 숨과 인체의 미묘한 기의 감각에 집중함으로써 지금 이곳에 머무는 법을 익힐 수 있다.

명상에서는 자신의 존재와 지금 현재를 평화롭고 명확하게 인식할 수 있는 상황을 만들어 이완된 집중 상태를 확장시켜 나가는 것이 가장 중요하다. 이 상태는 매일 매순간 도달하고자 하는 목표이기도 하다.

지감수련

1. 의자나 바닥에 반가부좌를 하고 앉아 등을 곧게 편다.
2. 손바닥이 위로 가게 한 후 양손을 무릎에 올리고 눈을 감는다. 몸의 긴장을 푼다. 특히 목과 어깨의 힘을 뺀다. 마음을 가라앉힌다. 깊이 숨을 들이쉬고 내쉬는 동안 모든 긴장을 풀어버린다.(듣기 편한 명상 음악을 틀어놓으면 도움이 된다.)
3. 손을 천천히 가슴 위치까지 들어올린다. 이때 손바닥을 마주 보게 하는데 닿지는 않도록 한다. 먼저 모든 감각을 손바닥 사이에 집중한다. 그러면 처음에는 온기가 느껴질지도 모른다. 그러나 곧 자신의 맥박이 느껴질 것이다.
4. 이제 손을 5~10cm 정도 벌린 후 그 공간에 온 정신을 집중한다. 양 어깨, 팔, 손목과 손이 진공 상태에 둥둥 떠 있다고 상상한다.

5. 손 사이의 공간에 계속 집중하면서 손을 벌렸다가 다시 가까이 해 본다. 그 과정에서 따끔거리는 듯한 전류가 통하고 손을 잡아당기는 듯한 느낌을 받을 것이다. 마치 양손이 부드러운 면으로 된 공을 쥐고 있는 듯한 느낌이나 따뜻한 물에 손을 담그고 천천히 움직이는 느낌이라 표현할 수도 있다. 이런 느낌이 바로 기의 흐름을 실제로 느끼는 것이다.

6. 이 감각이 좀 더 생생해지면 양손을 더 벌리거나 붙여 본다. 감각은 사라지지 않고 오히려 더 강해질 것이다.

7. 천천히 깊게 숨을 들이쉬었다가 내쉬기를 3회 반복한다.

8. 따뜻해질 때까지 손을 비빈 후 눈, 얼굴, 목과 가슴을 부드럽게 마사지한다.

도인체조

휴먼 테크놀로지에서는 인체를 호흡으로 자극하고 기를 불어넣어 주면 더욱 깊은 명상을 체험할 수 있다고 본다. 이러한 단계에 들어가기 전에 먼저 도인導引 체조를 해 주는 것이 효과적이다. 이 체조는 우리 몸이 기로 충만해지는 동안 숨쉬기를 개선하고 의식을 집중하도록 하는 효과적인 방법이다.

몸의 경락經絡 체계는 발끝에서 머리까지 그리고 머리에서 손까지 이어진 통로와도 같다. 이 통로를 통해 기氣가 이동한다. 기는 생명 에너지라고 설명하는데 한의학에서는 모든 생명이 기와 연관되어 있다. 경락은 인체에 분포한 강이라고 설명할 수 있다. 경락 체계는 복잡한 연결망을 통해 기를 보내며 몸과 마음과 정신에 영양을 공급하는 역할을 한다. 지압점이나 경혈經穴은 경락을 따라 분포해 있는데 인체에 기가 들고 나는 출입문과 같다.

인체를 지도라고 생각하면 경락과 지압점이 더 잘 이해될 것이다. 경락이 주요 도로라면 지압점은 그 길에 있는 버스 정류장이다. 고속도로를 타고 물류가 이동하듯이 우리 몸에서는 기가 경락을 타고 온갖 장기와 신체 부위로 이동한다. 기가 경락을 타고 잘 흐르면 온몸에 골고루 전해져 몸과 뇌가 최적의 상태를 유지할 수 있다.

인체는 12개의 정경正經과 8개의 기경奇經으로 이루어져 있다. 12정경은 주요 장기와 연결되어 있어서 장기의 이름이 붙어 있다. 12개의 경락은 신체의 양쪽으로 대칭을 이루며 퍼져 있다. 기는 경락을 타고 계속해서 흐른다.

도인체조는 인체의 경락 체계를 열어서 경락과 연결되어 있는 장기에 기의 균형을 맞추는데 그 목적이 있다. 도인체조는 올바른 숨쉬기와 스트레칭 동작을 결합한 것이다. 호흡과 몸동작을 결합하면 신진 대사가 더욱 효과적으로 이루어질 수 있다.

수 백 가지가 넘는 도인체조가 있지만 이 책에는 건강을 유지하기 위해 필수적인 기본 체조 몇 가지를 소개한다. 전신 두드리기, 발끝 두드리기, 장운동과 단전치기 등은 아침, 저녁으로 시간을 정해놓고 규칙적으로 하면 좋다. 도인체조를 꾸준하게 하는 것만으로도 최상의 건강 상태를 유지할 수 있을 것이다.

전신 두드리기

전신을 두드려 주는 이 체조를 하면 혈이 막힌 곳이 뚫리고 뭉쳐 있던 기가 온몸을 통해 퍼져 나가기 때문에 기혈 순환에 도움이 된다. 두드리면 세포가 자극을 받고 경혈이 열리기 때문에 세포가 튼튼해진다. 이 체조는 나이에 상관없이 모든 사람들이 할 수 있으며 전반적인 건강을 유지하는 데 매우 효과적인 방법이다. 몸을 부드럽고 편안하게 두드리는 간단한 방법만으로도 원하는 결과를 얻을 수 있다.

눈으로 동작을 좇으면 더 잘 집중할 수 있다.

1. 다리를 어깨 너비로 벌리고 선다. 손끝에 힘을 주고 머리와 얼굴을 골고루 가볍게 두드린다.
2. 손바닥을 위로 오게 한 채 왼팔을 뻗는다. 오른손으로 왼쪽 어깨부터 손까지 두드리며 내려온다.
3. 왼손을 뒤집은 후 오른손으로 어깨까지 위로 올라가며 두드린다.
4. 이제 팔을 바꾸어 2번과 3번 동작을 반복한다.
5. 양손으로 가슴을 두드린다.
6. 가슴부터 갈비뼈, 배와 옆구리를 두드린다.

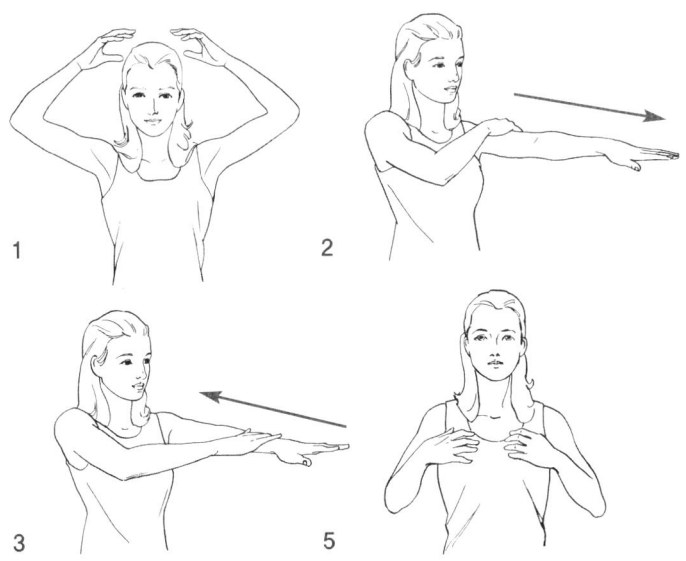

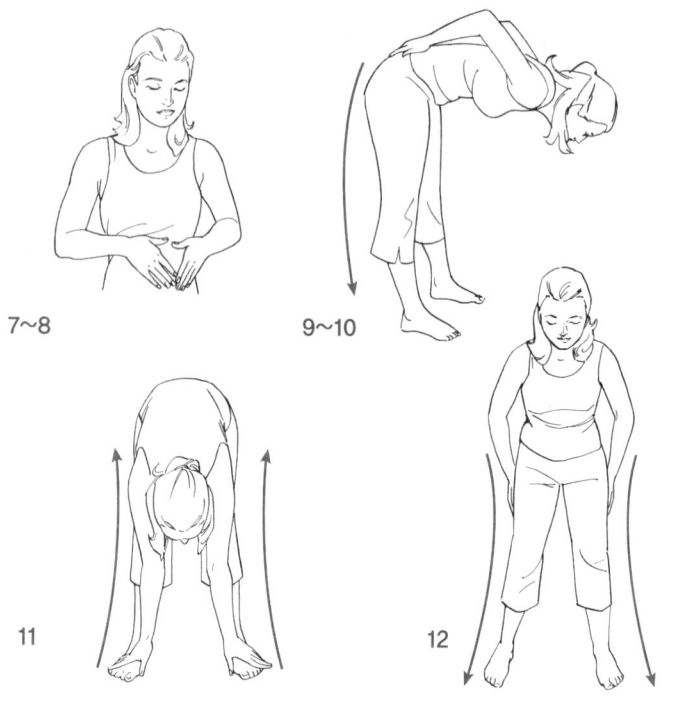

7. 양손으로 간이 있는 오른쪽 흉곽 바로 아래를 두드린다. 긍정적이고 맑은 에너지가 간에 전달될 수 있도록 집중한다.

8. 양손으로 위가 있는 왼쪽 흉곽 바로 아래를 두드린다. 긍정적이고 맑은 에너지가 위에 전달될 수 있도록 집중한다.

9. 허리를 살짝 구부리고 신장이 있는 양 허리를 두드리면서 올라간다. 손이 닿는 곳까지 두드린 다음 엉덩이까지 내려간다.

10. 엉덩이부터 발목까지 다리의 뒤쪽을 두드리며 내려간다.

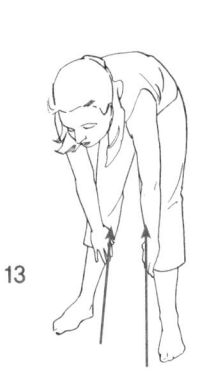 

11. 발목에서 허벅다리까지 다리의 앞쪽을 두드리면서 올라온다.
12. 허벅다리 위에서부터 다리의 바깥쪽을 두드리며 발목까지 내려간다.
13. 발목에서 다리의 안쪽을 두드리며 허벅다리까지 올라온다.
14. 아랫배를 20회 정도 두드려 마무리한다. 이 체조는 다리를 어깨 너비로 벌리고 무릎을 살짝 구부린 채 하면 가장 효과적이다.

발끝 두드리기

이 체조는 하체의 기혈 순환에 좋으며 인체의 수기와 화기의 균형을 되찾아 준다. 숙면을 취하는 데도 큰 도움이 된다. 먼저 눕거나 앉은 자세에서 시작한다. 누워 있다면 양손을 배에 올리고 발끝을 양 옆으로 벌려 엄지발가락을 서로 부딪치고 새끼발가락은 바닥에 닿게 두드린다. 이때 양발이 뒤꿈치가 떨어지지 않도록 주의한다. 100회부터 시작하여 500회까지 늘려나간다.

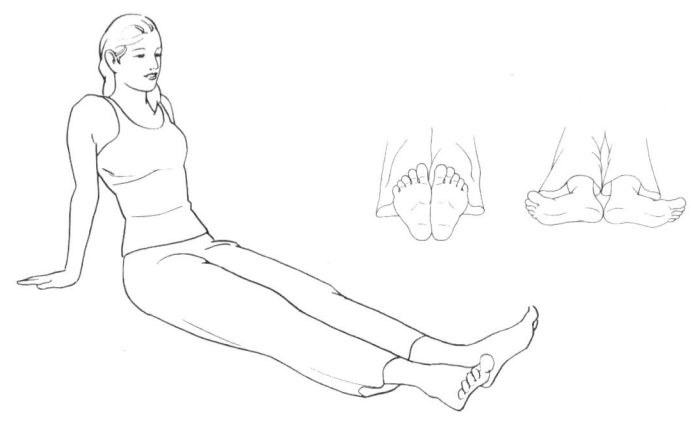

단전치기

단전치기는 간단하면서도 효과적으로 아랫배를 강화하는 체조이다. 특히 기의 중심인 단전을 양손바닥으로 두드려 주면서 강화한다. 이렇게 이 부위를 자극하면 온몸의 기혈 순환을 촉진하는 효과가 있다. 또 이 부위가 따뜻해지는 느낌도 들 것이다. 단전치기는 인체 내의 과도한 가스와 수분을 신속하게 배출하는 데 도움이 된다.

1. 발을 어깨 너비로 벌리고 무릎을 살짝 구부린다.

2. 발끝을 약간 안쪽으로 모으고 아랫배에 살짝 힘을 준다.
3. 양손바닥으로 아랫배를 두드린다. 단전을 칠 때마다 무릎도 약간씩 반동을 준다.
4. 처음에는 한 번에 50번씩 두드리다가 아랫배가 강화되는 정도에 따라 300회씩 늘려 나간다. 연습을 통해 두드리는 횟수와 강도를 높여 나갈 수 있다.

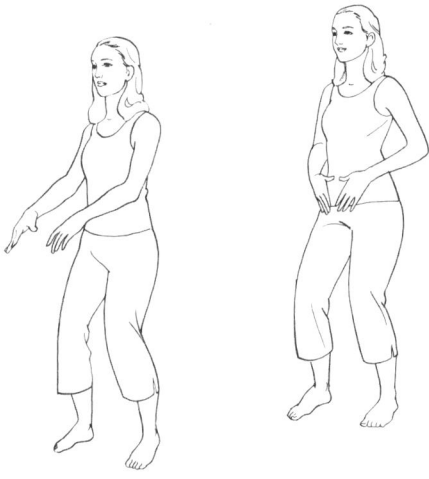

장운동

장운동은 복벽을 끌어 올리고 밀어 주어 장을 자극하는 체조이다. 이 체조를 하면 장의 유연성을 강화하고 기혈의 순환을 촉진하는 효과가 있으며 아랫배에 기를 모으고 더 빨리 온기를 느낄 수 있다. 하지만 처음부터 너무 심하게 하면 불쾌감을 느낄 수도 있다.

1. 이 운동은 선 자세나 누운 자세 모두 가능하다. 선 자세라면 무릎을 약간 구부리고 발끝을 안으로 살짝 모은 단전치기 자세를 하면 된다. 누워서 할 경우에는 바로 누워서 다리를 어깨 너비로 벌린다. 양 엄지손가락끼리 붙이고 나머지 손가락들도 끝을 모아서 삼각형을 만들어 아랫배에 가볍게 올린다.
2. 배를 당길 때는 등이 앞쪽 복벽에 닿을 듯한 기분으로 당긴다. 동시에 직장 근육에 힘을 준다.
3. 풍선에서 바람을 빼듯 아랫배를 살짝 눌러준다. 아랫배에 복압을 느낄 정도로 누른다.
4. 한 번에 50회부터 시작해서 익숙해지면 300회까지 늘려준다.

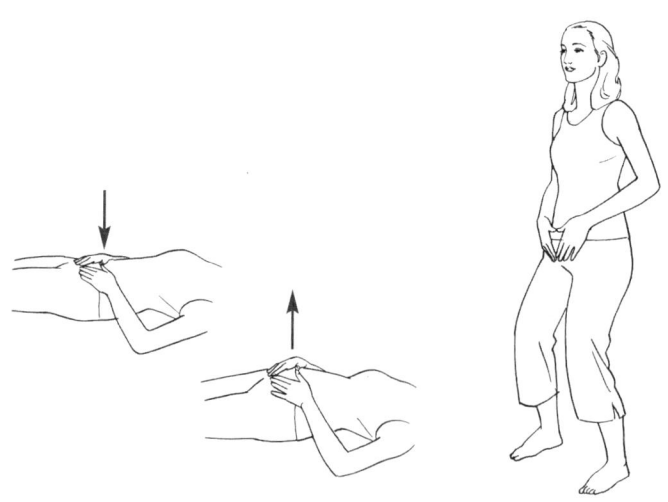

폐와 대장에 좋은 운동

1. 발을 어깨 너비로 벌리고 손을 뒤로 돌려 깍지를 낀다.
2. 숨을 내쉬면서 상체를 앞으로 숙여 얼굴이 무릎을 향하게 한다. 양팔을 뒤쪽 위로 뻗는다.
3. 최대한 몸이 쭉 펴졌을 때 숨을 차분하게 들이쉬면서 그 상태로 잠시 머무른다. 다리 아래쪽, 배, 등, 어깨나 팔이 당길 수 있다.
4. 차분하게 숨을 내뱉으면서 몸과 마음의 긴장을 모두 날려버린다.
5. 3번과 4번의 동작을 여러 차례 반복한다.

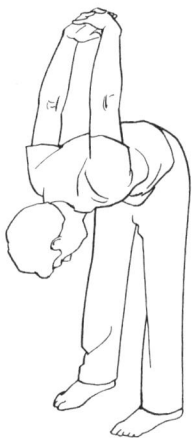

비장과 위에 좋은 운동

1. 왼쪽 발을 앞으로 뺀다. 숨을 들이마신다. 왼쪽 팔을 위로 들어 몸을 뒤로 젖힌다. 눈은 손을 좇아 움직인다.

2. 동시에 오른발에 체중을 싣고 오른손을 오른쪽 허벅다리에 갖다 댄다. 몸을 최대한 뒤로 젖힌다. 숨을 내쉬고 1번의 자세로 돌아간다. 아랫배와 허리를 자극할 때 어떤 느낌인지 주의한다.

3. 두 번 반복한다. 이번에는 발을 바꿔 1~3번 동작을 한다.

간과 쓸개에 좋은 운동

1. 등을 곧게 펴고 앉아서 최대한 다리를 벌린다. 오른손으로 오른쪽 발목을 붙잡는다. 왼손이 오른발 끝에 닿을 때까지 허리를 옆으로 숙인다. 왼쪽 허리와 허벅지를 최대한 많이 늘여 줄 수 있도록 가능한 오래 그 자세를 유지한다.

2. 반대쪽도 같은 동작을 반복한다. 양쪽을 각각 2회씩 반복한다.

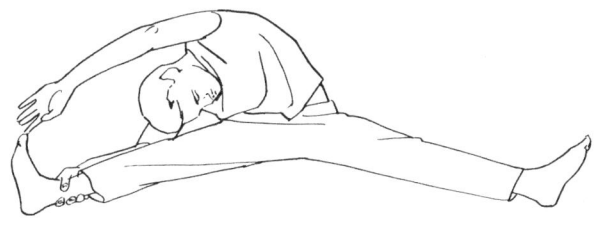

심장과 소장에 좋은 운동

1. 반가부좌를 틀고 앉아서 손을 목 뒤로 깍지를 낀다. 숨을 들이쉬면서 상체를 앞으로 숙여 이마가 바닥에 닿도록 한다.

2. 가능한 오랫동안 이 자세를 유지한다. 숨을 내쉬면서 가슴을 쭉 펴서 원래 자세로 돌아온다.

신장과 방광에 좋은 운동

1. 다리를 쭉 뻗고 편한 자세로 앉은 후 발을 꼭 붙인다. 발끝을 몸쪽으로 최대한 당겨서 발목이 90도 각도가 되게 한다. 이 자세에서 상체를 앞으로 숙이며 양손으로 발목을 잡는다.

2. 천천히 이 동작을 하면서 숨을 일치시킨다. 상체를 앞으로 숙일 때는 숨을 내쉬고 몸을 일으킬 때 다시 들이마신다. 상체를 앞으로 숙일 때 목도 앞으로 구부리며 손으로 발목을 잡는다. 너무 심하게 하지 않도록 조심한다. 몸에 무리가 가면 금방 알 수 있다. 그러므로 자기 몸의 유연성에 맞게 한다.

사람들은 직업이 무엇이냐에 따라 필요한 도구가 다 다르다. 가령 배관공, 목수, 엔지니어, 운동선수, 의사들은 자신의 직업에 맞는 다양한 도구를 마련해 두고 있다. 이 책에서는 직업 이전에 사람으로서 꼭 지녀야 할 도구에 대해서 말하고자 한다. 이번 장에서 소개한 도구는 휴먼 테크놀로지를 구성하는 가장 기본적인 실천방법인 자가 건강법이다.

이 실천방법의 장점은 말 그대로 실천하기 쉽다는 것이다. 호흡, 명상 혹은 도인체조 중 무엇을 하든 우리 몸에 대한 진지한 관심만 있으면 된다. 다시 한 번 강조하지만 휴먼 테크놀로지는 결코 복잡하지 않다.

05

꼬리뼈의 비밀, HSP 정충호흡

언제 어디서나 꼬리뼈를 말아 단전에 기운을 모아라
걷거나 서거나 앉거나 눕거나 어떤 자세에서도 꼬리뼈를 말아 올린 채
내쉬는 호흡 위주로 단전호흡을 해 보라. 누구나 쉽게 따라할 수 있고,
짧은 시간에 단전에 에너지가 모이는 것을 체험할 수 있다.

HUMAN TECHNOLOGY

휴먼 테크놀로지에서 항상 강조하는 것은 틀과 형식이란 사람을 위해 존재한다는 것이다. 단전호흡이라는 것도 인간이 살아가는 시대와 환경과 체질이 달라졌으면 그에 맞게 변화될 필요가 있다. 나는 이 점에 대해 항상 고민하고 모색해 왔다. 그렇게 해서 최근 개발된 호흡법이 'HSP 정충호흡' 이다. HSP란 건강Health, 행복Smile, 평화Peace의 줄임말이다. 건강과 행복과 평화를 주는 에너지 호흡법이란 의미로 특별한 전문적 기술 없이도 스스로 할 수 있는 안전하면서도 효과적인 방법이며 내 몸에 있는 잠재능력을 최대한 이끌어 낼 수 있는 호흡법이다.

HSP 정충호흡은 걷거나 서거나 앉거나 눕거나 어떤 자세에서도 척추 가장 아래에 있는 꼬리뼈를 말아 올린 채, 내쉬는 호흡 위주로 단전호흡을 하는 것이다. 기존의 호흡법들이 어렵고 장기간 꾸준하게 수련해야 하는 데 반해 정충호흡은 누구나 쉽게 따라할 수 있고 20~30분 정도의 시간이면 명상과 호흡의 효과를 체험할 수 있다.

수많은 임상실험 결과, 이 호흡법은 건강의 가장 기본 원리가 되는 수승화강을 이루게 하는 데 어떤 수련법보다도 가장 효과적이라는 것이 입증되었다.

어느 날 나는 한 제자로부터 다음과 같은 편지를 받았다. 그는 단센터의 원장으로 7년 동안 단전호흡과 뇌호흡, HSP 정충호흡 등을 지도해 온 경력을 가지고 있었다.

어느 날 고속도로에서 차를 운전해서 가는 길이었습니다. 커브 길을 시속 130km로 달리는데 갑자기 나타난 큰 트럭에 밀려 가드레일을 들이받았습니다. 차가 완전히 뒤집혀 형체가 크게 일그러질 정도의 큰 사고였습니다. 저는 사고 후, 극심한 허리 통증을 느꼈고 신고를 받고 출동한 구급차에 실려 갔습니다. 가는 도중 허리의 통증은 점점 더 심해졌고 서서히 여러 가지 걱정들이 밀려왔습니다.

'이러다가 사범 생활을 그만두어야 하는 것은 아닐까? 아, 내일 당장 우리 회원들은 어떻게 해야 하나…' 등등 극심한 허리 통증만큼 마음의 고통도 커졌습니다. 그런데 그 때, 정말 신기하게도 내면 깊은 곳에서부터 '이 사고를 오히려 전화위복으로 삼아야 겠다'는 의지가 뜨겁게 올라왔습니다. 그리고 나자 이상하리만치 마음이 편안해지면서 정신이 명료해지기 시작했습니다.

병원에 도착하여 엑스레이 및 CT촬영을 한 결과, 척추 중 요추

1번이 압박골절 되었다며 전치 12주 진단을 내렸습니다. '12주라니 말도 안돼!' 3개월 동안 이런 상태로 있을 생각을 하니 눈앞이 깜깜했습니다. 그러나 제가 병원에서 할 수 있는 일이라고는 오직 누워서 가만히 있는 것뿐이었습니다. 그렇다고 그저 마냥 누워 있을 수는 없는 일이었습니다. 그래서 스스로 복압력을 잃지 않으려고 애를 쓰며 누워서 할 수 있는 호흡 수련을 하기 시작했습니다. 평소 HSP 정충호흡 수련을 꾸준히 해 왔기 때문에, 사고 직후 자세가 완전하지 않은 상태에서도 수련이 가능했습니다.

일단 사고 당시 강하게 부딪히면서 받은 충격으로 몸에 일어난 좋지 않은 기운을 내쉬는 호흡을 통해 뽑아내기 시작했고, 좋은 기운을 몸과 단전에 모은다는 마음으로 수련을 했습니다. 사고 당일 밤 11시쯤 되어 화장실을 가려고 일어나니 허리가 너무 아파 도통 움직일 수가 없었습니다. 간병하는 친구의 도움으로 화장실을 힘겹게 다녀왔습니다. 그래도 누워 있을 땐 계속 호흡을 놓치지 않으려고 노력했습니다.

사고 다음날 아침, 사뭇 기분이 좋았습니다. 그리고 화장실에 가려고 자리에서 일어났는데, 몸이 매우 가볍게 일으켜졌습니다. 그런데 바로 그때 정말 놀라운 일이 벌어졌습니다. 전날 밤까지도 전혀 숙여지지 않던 허리가 아무렇지도 않게 평소와 다름없이 잘 숙여지는 것이 아닙니까! 그 모습을 직접 본 병원에 있던 사람들조차 도저히 믿지 못하겠다는 반응을 보일 정도로 기적과 같은 일이었습니다. 전치 12주의 진단과 달리 저는 1주 만에 의사의 동의를 받고 퇴원을 했습니다. 그리고 바로 단센터로 돌아와 큰 무리 없이 생활하다가 사고 후 3주 만에 수련 지도를 다시 할 수 있게 되었습니다.

저는 사고 후, 그렇게 짧은 시간 안에 몸이 회복될 수 있었던 가장 큰 이유가 무엇일까 곰곰이 생각해 보았습니다. 답은 간단했습니다. 그것은 HSP 정충호흡 수련으로 단련된 단전의 힘 즉, 뱃심과 허리의 힘 덕분이었습니다. 건강하고자 하는 데 꼭 필요한 몸의 조건이 바로 복압력, 즉 뱃심과 또 하나는 허리의 힘입니다. 때문에 병원에 있으면서도 그 허리의 힘과 뱃심을 놓치지 않으려고 계속 꼬리뼈를 마는 느낌으로 호흡을 하였고, 그 결과 수련을 꾸준히 하면서 훈련된 정신력과 자연치유력이 저절로 발현되는 것을 체험하게 된 것입니다.

요즘도 제가 체험한 이 기적과도 같은 HSP 정충호흡을 더 많이 알리기 위한 빡빡한 일정 때문에 잠을 거의 못 자는 일이 많은데, 몸에 큰 무리 없이 그 일정들을 전부 소화해 내고 있습니다. 이는 HSP 정충호흡을 생활 속에서도 늘 활용하고 있기 때문에 가능한 것입니다. 에너지가 고갈된 느낌이 들었을 땐 서서 혹은 걸어 다니면서 HSP 정충호흡 수련을 합니다. 그러면 단 몇 분 만에 다시 활동에 필요한 에너지가 단전에 채워지면서 활력이 생기는 것을 느낄 수가 있습니다. 저는 이렇게 하루에도 몇 번씩 HSP 정충호흡의 위력을 실감하고 있습니다. 많은 사람들이 저와 같이 HSP 정충호흡을 통해 건강과 행복, 평화를 체험할 수 있었으면 좋겠습니다.

정확한 자세와 각도만으로 몸에 변화가 온다

HSP 정충호흡은 몸과 마음에 근본적인 변화를 이끌어 낼 수 있는 가장 단순하면서도 효과적인 방법이다. 아무런 도구나 수단을 사용하지 않고 오직 자신의 호흡조절만으로 기를 생성하고 강화시켜 인체 내부의 변화를 도모할 수 있다.

HSP 정충호흡은 기존의 단전호흡과 원리는 같지만 방법에 차이가 있다. 기존의 호흡법은 아랫배 단전에 의식을 집중하여, 의식과 호흡을 일치시켜 에너지를 모았다. 그런데 가슴이 막히고 근육과 신경이 굳은 초보자들에게는 마음을 아랫배 단전에 집중한다는 것은 생각처럼 쉽지가 않다. 더구나 몸이 긴장된 상태에서 아랫배로 무리해서 호흡을 하다보면 기운이 아랫배에 모이지 않고 가슴 위로 몰리는 수가 있다.

사람마다 인체 환경이나 조건이 다르기 때문에 일괄적인 호흡법을 가르치는 데는 어려움이 있다. 하지만 HSP 정충호흡은 호흡과 상관없이 정확한 몸의 '자세'와 '각도'를 통해서 몸에 기운의 길을 열어 준다. 척추의 말단에 있는 꼬리뼈를 말아서 기운을 모아 주고, 그 기운이 새어나가지 않도록 고관절을 닫아 줌으로써 단전에 복압력을 키우는 것이다. 이때 호흡은 저절로 내쉬게 된다. 내쉬는 호흡을 통해 몸 안에 쌓인 탁한 기운이 모두 빠져 나가면 그 자리에 저절로 맑은 기운이 차곡차곡 쌓이는 것을 느낄 수 있다.

이러한 호흡을 통해 몸의 잠재력이 깨어나 몸 안에 에너지가 충만해지면 뭔가 적극적으로 도전해 보고 싶은 내면의 욕구가 일어난다. 몸과 더불어 긴장하고 움츠러 들었던 마음이 살아나서 꿈틀대기 시작하는 것이다. 몸이 살아나면 마음이 살아난다. 마음이 살아나면 삶의 목표나 비전을 찾게 되고 스스로 평화를 창조하는 힘이 생긴다. 그러면서 자기를 둘러싼 주변을 돌아 볼 수 있는 여유가 생기고 세상에 대한 고마움과 사랑이 샘솟기도 한다. 우리 몸과 마음에 에너지가 충만해졌을 때 남과 나누고 싶고 베풀고 싶은 마음이 절로 우러난다. 이러한 일련의 과정은 마치 갓난아기가 엉금엉금 기어서 엄마 젖을 찾아가는 것처럼 자연스럽다.

꼬리뼈를 말아서 기운을 모은다

HSP 정충호흡의 핵심의 하나는 꼬리뼈를 말아 주는 것이다.

사람의 골반 아래에는 선골과 꼬리뼈가 있다. 꼬리뼈를 중심으로 한 선골은 단전 시스템을 가동시키는 가장 중요한 핵심이다. 심장이 힘차게 펌프질을 하지 않으면 온몸에 골고루 피가 보내지지 않는 것처럼 선골과 꼬리뼈는 에너지의 심장에 해당하는 단전 시스템을 가동시키는 버튼과 같은 역할을 수행한다. 이 곳의 에너지가 활성화되지 않으면 기운이 제대로 유통되지 못하고 힘을 잘 쓰지 못하게 된다.

HSP 정충호흡에서 꼬리뼈를 말아 주는 이유는 단전에 기운이 가장 잘 모일 수 있는 인체의 각도를 만들기 위해서이다. 꼬리뼈를 말아 올리면 항문을 조이게 되고 항문을 조이면 자연스럽게 엉덩이를 앞으로 당기게 된다. 그 때 자연스럽게 단전에 집중하게 된다. 꼬리뼈를 말아 올리는 요령은 먼저 선골을 곧게 세우는 것이다. 그렇게 자세를 잡으면 금세 몸이 더워지기 시작하고 단전에 열감을 느끼게 된다. 단전에 축기가 되는 느낌은 아랫배가 따뜻하고 뿌듯하고 든든해지는 등의 현상으로 나타난다.

꼬리뼈를 말아 주는 자세는 단전에 축기뿐만 아니라 비뚤어진 척추가 제자리를 잡는 데에도 탁월한 효과가 있다. 많은 사람들이 책상 앞에 오래 앉아 있거나, 장시간 운전을 하거나 혹은 잘못된 생활 습관 등으로 척추가 비뚤어져 있다. 당연히 이런 자세에서는 기운이 잘 흐를 수가 없다. 잘못된 자세뿐만 아니라, 스트레스를 받거나 긴장을 하게 되면 어깨 근육이 위로 바짝 올라간다. 이런 일상이 지속되다 보면 어깨와 척추는 굳어진다. 이때 척추의 제일 아랫부분인 꼬리뼈를 살짝 말아 주기만 하면 척추가 제자리를 잡는다.

일상에서 꼬리뼈를 의식하고 생활하면 몸과 마음을 조절하는 일은 훨씬 쉬워질 것이다.

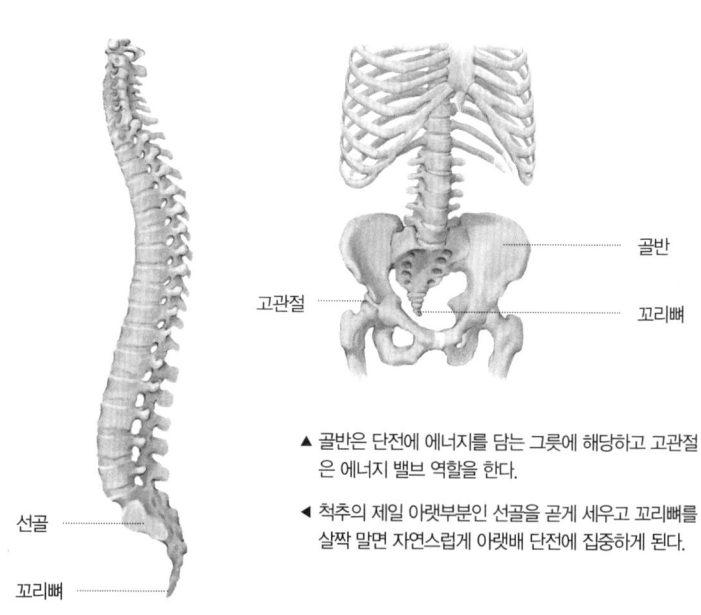

▲ 골반은 단전에 에너지를 담는 그릇에 해당하고 고관절은 에너지 밸브 역할을 한다.

◀ 척추의 제일 아랫부분인 선골을 곧게 세우고 꼬리뼈를 살짝 말면 자연스럽게 아랫배 단전에 집중하게 된다.

[꼬리뼈와 척추, 고관절, 골반의 관계]

고관절의 각도가 단전의 기운을 보호한다

HSP 정충호흡의 두 번째 핵심은 고관절과 다리의 각도이다.

사람의 요추(허리등뼈) 밑에는 골반이 있고, 골반 좌우에는 전구처럼 생긴 구멍이 있다. 이 구멍에 넓적다리뼈가 나란히 꽂혀 있는데, 이 부위가 바로 고관절이다. 요추는 우리 인체의 기둥과도 같은데 이 요추를 떠받치고 있는 골반이 비틀어지거나 벌어져 힘을 쓰지 못하면, 우리 몸의 전체적인 균형이 깨진다. 또 골반은 단전에 모인 에너지를 담는 그릇 역할을 한다. 그런데 이 골반이 틀어지거나 벌어져 있으면 에너지가 모이지 않고 줄줄 새어나간다. 골반에 문제가 생기는 주 요인은 고관절에 있다. 고관절이 비틀어지면 골반도 더불어 틀어지게 되고 골반이 틀어지면 척추도 틀어지게 된다. 이처럼 인체가 균형을 잡는 데 고관절은 매우 중요한 역할을 한다.

또한 고관절은 단전 시스템에서 에너지 밸브라는 중요한 역할을 수행하고 있다. 바닥에 편안하게 누운 다음 고개를 살짝 들어 자신의 발끝을 바라보면 발끝의 각도가 적당하게 벌어져 있는지, 힘없이 바깥쪽으로 완전히 쳐져 있는지 확인할 수 있다. 이 발끝의 각도로 고관절이 적절하게 조여져 있는지, 지나치게 이완이 되거나 긴장되어 있는지, 혹은 비틀어져 있는지 쉽게 가늠해 볼 수 있다. 하체를 많이 움직이지 않는 많은 현대인들은 대부분 고관절이 힘없이 풀어진 상태로 근육이 굳어지면서 고정되어 있는 경우가 많다. 고관절을 유연하게 만들고 닫아주는 것은 단전의 에너지를 충만하게 하는 데 매우 중요하다. 따라서 에너지를 모으기 위한 축기 동작을 할 때 다리의 각도를 정확하게 취함으로써 열린 고관절을 닫아주는 것이 HSP 정충호흡에서는 중요하다.

"하~"하고 숨을 길게 내쉰다

마지막으로 HSP 정충호흡의 중요한 특징은 숨을 길게 내쉬어 주는 것이다.

본래 선도 단학에서 호흡을 할 때는 단전에 중심을 두고 들이마시는 숨으로 우리 몸에 필요한 에너지를 축기했다. 그러나 현대에 와서는 내쉬는 호흡이 더욱 중요해졌다. 긴장과 스트레스로 온몸이 굳어 있고 몸과 마음은 항상 소화되지 않은 음식과 정보, 스트레스와 긴장 속에 있으며 오염된 대기와 식수, 편식과 운동 부족 등으로 혈관 곳곳에 노폐물이 축적되어 있다. 이런 인체 환경 속에서는 들이쉬기보다는 내쉬는 호흡을 통해서 몸 안의 정체된 기운을 자주 내보내고 새로운 에너지를 들어오게 해야한다.

호흡을 할 때는 기도를 열고, 심장의 화 기운을 단전으로 내려서

혈관에 쌓인 노폐물을 긁어낸다는 의념으로 숨을 길게 "하~" 하고 내쉬는 것이 중요하다. 숨을 의식적으로 자주 내쉬면, 자연스레 어깨가 내려가고 가슴이 편안해지면서 긴장이 풀린다. 내쉬는 숨을 통해서 긴장이 풀리면, 근육에 몰려 있던 혈액이 다시 장기를 순환해 오장육부가 편안해진다.

HSP 정충호흡은 다음에 소개하는 다섯 단계에 따라 하면 더욱 효과적이다. 그 어떤 호흡법보다도 몸의 감각이 빠르게 깨어나고 변하는 것을 체험할 수 있다.

1단계(기초 정충호흡) ; 기초 복식호흡으로 아랫배의 힘을 기른다

1단계에서는 에너지를 잘 축적하기 위해 기초 복식호흡으로 아랫배의 힘을 기른다. 허리가 바닥에 닿은 상태에서 복식호흡이 되는 것을 목표로 각을 잡아 단련한다. 꼬리뼈를 말아 허리가 바닥에 닿게 하는 것을 의식하다 보면 자칫 상체가 긴장될 수도 있다. 수시로 가슴과 어깨, 명치에 들어간 힘을 뺀다. 어느 정도 복부와 하체까지 힘이 생기고 나면 상체는 저절로 이완된다.

   호흡에 집중하다 보면 호흡이 아랫배까지 들어오는 느낌이 있다. 그 느낌을 찾을 때까지 계속 호흡에 집중한다. 이때 인위적으로 숨을 조절하지 말고 자연스럽게 호흡 하되, 내쉴 때 입과 기도를 열고 긁어내듯이 길게 토해 내는 것이 요령이다.

1. 누운 자세에서 꼬리뼈를 살짝 말아 올려서 허리를 가능한 바닥에 가깝게 만든다.
2. 다리 넓이는 30cm 정도를 유지한다.
3. 손은 중지로 단전 위에 살짝 점을 찍듯 올려놓는다.
4. 호흡은 입을 열고 편안하게 몸속의 것을 끌어올리듯 "하~" 하고 길게 내뱉는다.
5. 호흡을 반복해 나가면서 하복부까지 호흡이 내려와 자연스러운 복식호흡이 되도록 한다. 그러나 처음에는 호흡이 복부까지 내려오지 않더라도 자신의 몸 상태에 맞게 한다. 시간은 5분 정도로 한다.

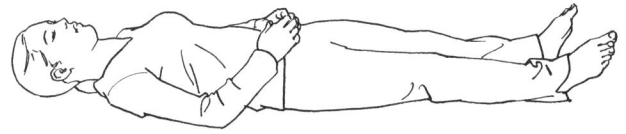

2단계(축기자세) ; 각을 유지해 에너지를 단전에 모은다

2단계에서는 축기자세를 통해 에너지를 단전에 모은다. 축기자세(각)는 에너지가 단전에 모이는 원리에 의해 만들어졌다. 그래서 2단계에서는 각을 정확하게 취하려고 노력하는 것이 중요하다. 각을 잡을 때 가장 중요한 부분은 허리가 들리지 않게 꼬리뼈를 마는 것이다. 허리가 바닥에 닿지 않고 들리게 되면 복압력이 생기지 않는다. 그래서 아무리 오래 자세를 취해도 아랫배 단전에 에너지가 모이지 않게 된다. 그러나 처음부터 무리하게 동작을 취할 필요는 없다. 각자 몸의 상태에 맞게 꾸준히 반복해 나가면서 몸의 감각을 찾아가는 것이 중요하기 때문이다.

축기자세로 자연스럽게 호흡할 수 있는 시간이 5분 이상 되지 않는다면 복압력이 약하고 아랫배 단전이 허한 상태라고 스스로 진단할 수 있다. 그리고 이 동작을 20분 이상 할 수 있다면 기본적인 체력을 유지하고 있다고 진단할 수 있다.

1. 꼬리뼈를 말아 아랫배에 지그시 힘을 주고 천천히 한 다리씩 들어올린다.
2. 무릎은 90도로 유지하며 숨은 속에서부터 긁어내듯이 "하~"하고 내뱉는다.

3. 고관절이 열리지 않도록 무릎과 무릎 사이에 주먹 하나가 들어갈 정도로만 벌려 준다. 그리고 고개를 들어 발을 보았을 때 발이 11자가 되게 한다.

4. 발뒤꿈치를 지그시 밀어준다. 발바닥이 저릿하고 묵직해지면서 다리 뒤쪽의 방광경과 신장경이 자극된다.

5. 동작의 각이 잡혀 어느 정도 호흡이 안정되면 숨을 들이마실 때 하복부까지 숨이 들어오게 된다. 이때에도 숨을 내쉴 때에는 계속 긁어내듯이 숨을 내뱉는다.

6. 호흡을 하는 것이 부자연스럽고 힘이 많이 들면 운기자세 1번으로 넘어간다.

7. 축기자세를 20분 이상 거뜬하게 버틸 수 있다면 다리를 바깥쪽으로 더 밀어준다. 이렇게 밀어주면 복압력이 더 강해지면서 버티는 힘이 커질 것이다.

3단계(운기자세 1번) ; 단전에 모인 에너지를 신장으로 보내 운기한다

3단계에서는 방광경을 풀어주는 운기자세를 통해 축기를 돕는다. 2단계 축기자세에서 자연스럽게 숨쉬며 버티는 것이 힘들 때, 운기자세 1번으로 넘어간다. 이때 다리 뒤쪽 방광경과 신장경이 자극될 수 있게 무릎을 굽히지 말고 쭉 펴서 몸쪽으로 가까이 당긴다. 발목은 90도가 되게 젖힌다. 고개를 들면 기운이 역상하게 되므로 절대

고개는 들지 않는다. 이 동작은 1분 이상 하지 않는다. 축기자세와 마찬가지로 자신의 몸에 맞게 몸의 감각을 느끼며 꾸준히 반복하는 것이 중요하다.

1. 양손으로 발을 확실히 움켜쥐고 발목을 90도 이상 꺾은 후 무릎을 쭉 편다. 이 때 선골 부위가 바닥과 가깝게 닿을수록 효과가 크다.
2. 만약 무릎을 펴기 힘들면 발목만이라도 90도가 되게 젖힌다.
3. 다리 뒤쪽 방광경, 신장경에 진동이 일어나도록 정확히 다리를 뻗고 다리 전체를 몸통 쪽으로 당긴다.
4. 자신의 호흡에 맞게 긁어내듯이 "하~"하고 숨을 내쉰다. 이 동작이 자연스럽고 편안해지면 운기자세 2번으로 넘어간다

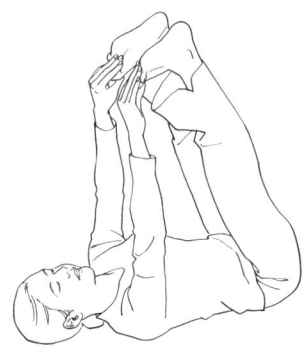

4단계(운기자세 2번) ; 운기자세를 통해 독맥과 임맥을 풀어준다
다리를 뒤로 완전히 젖혀주는 쟁기자세를 취해 독맥의 정체된 기운

을 풀어주는 단계다. 이 자세는 무릎을 펴주어야 효과가 크다. 기운이 역상할 수 있으므로 손이 닿지 않으면 발목을 잡지 않아도 된다. 복부가 많이 나왔을 경우 숨이 차고 기운이 역상하는 느낌이 들 수도 있다. 이 경우에는 운기자세 1번만 한다. 가능한 축기자세를 오래 할수록 몸에 변화가 많이 오기 때문에 운기 자세는 축기를 더욱 잘 할 수 있도록 하는 휴식 같은 역할이다. 자신의 호흡과 체력에 맞게 15분 동안 축기 자세와 운기자세를 번갈아가면서 한다.

1. 3단계 자세에서 다리를 머리 뒤로 완전히 넘겨 양손으로 발을 확실히 움켜쥐고 발목을 90도 이상으로 꺾은 후 무릎을 쭉 편다. 무릎을 펴기 힘들면 발목만이라도 젖힌다.
2. 명치와 등 뒤에 집중하며 자신의 호흡에 맞게 긁어내듯이 숨을 내쉰다.
3. 어느 정도 편안해지면 2단계 축기자세로 다시 되돌아간다.

5단계(마무리 호흡) ; 단전에 집중하여 깊은 호흡을 지속한다

HSP 정충호흡의 마무리 단계로 아랫배 단전에 에너지를 모으고 나서 깊은 호흡을 한다. 꼬리뼈를 말아 허리가 최대한 바닥에 닿도록 각(자세)을 유지하면서 자연스럽게 아랫배로 호흡을 한다. 아랫배 단전의 느낌에 집중한다. 수련의 전 과정이 끝나면 HSP 정충호흡 4단계의 운기자세와 굴렁쇠 등의 동작으로 마무리를 하고 호흡 전과 호흡 후의 몸 상태를 비교해 본다.

1. 축기자세에서 천천히 양 다리를 내려 무릎을 세운다. 이때 양무릎의 간격, 양발의 간격은 두 주먹이 들어갈 정도로 벌린다.
2. 허리를 최대한 바닥에 가까이 닿게 하여 아랫배에 힘을 지그시 유지한다. 자연스럽게 아랫배로 호흡이 되도록 한다.
3. 각자의 호흡과 체력에 맞게 길게 토해내듯 "하~" 하고 내쉰다.

06

성과 휴먼 테크놀로지

목적과 책임을 갖고 성을 즐겨라
휴먼 테크놀로지는 성욕이라는 인생의 중요하고 놀라운 에너지에 대한 경험과
이해를 증대시켜 우리 삶에 적극적으로 활용하고자 한다.
성욕을 감각만이 아닌 영적인 경험으로 승화시킨다면
성 에너지를 바라보는 태도는 획기적으로 바뀔 수 있다.

HUMAN TECHNOLOGY

지난 25년간 나는 세계의 각 도시를 순회하며 많은 강연을 해왔다. 그동안 다양한 사회 계층, 문화, 종교적 배경을 지닌 수많은 사람들과 인간과 삶에 대해 이야기를 나누었다. 그런 체험을 바탕으로 나는 중요한 발견을 하게 되었다. 성에 대한 태도와 경험이야말로 삶의 질에 매우 광범위한 영향력을 행사하며 그 결과는 긍정적일 수도 부정적일 수도 있다는 것이다.

사람들은 자신이 성숙한 통찰력을 가지고 있기에 성관계를 맺어도 된다고 생각한다. 그러나 현실은 그렇지 않다. 나는 수많은 사람들이 성에 대해 왜곡되거나 이중적인 잣대를 가지고 있음을 보았다. 많은 경우에 이런 현실은 사람들이 좀더 충만하고 완전한 삶을 사는 데 큰 걸림돌이 된다. 내가 가장 슬플 때는 성적인 외상으로 평생 동안 고통을 안고 사는 사람들을 만날 때이다.

그래서 나는 성교육이 우리 가정에서부터 먼저 시작되어야 한다고 주장한다. 아이들이 사춘기가 되기 전에 혹은 성에 대해 성숙하지 못한 사회적 현실에 너무 많이 노출되기 전에 시작해야 한다. 나는 휴먼 테크놀로지를 이루는 중요한 토대로 가정에서의 성교육을 포함시켰다. 그러나 이 주제를 논하기 전에 이번 장에서는 휴먼 테크놀로지의 관점에서 바라본 성性에 대해 이야기해 보도록 하자.

뇌는 성性을 좋아한다

성욕은 우리가 경험하는 에너지 중에서 가장 강력하다. 성욕은 열정적이고 동물적이라 설명할 수 있으며 당당함, 고귀함 혹은 신성함 등으로도 표현한다. 이런 표현에 거부감을 느끼지 않는 사람들도 있겠지만 아직까지도 성욕에 대해 매우 편협한 생각을 가진 사람들이 많다. 휴먼 테크놀로지에서는 성욕도 인생의 중요한 일부분으로 보기 때문에 이 놀라운 에너지에 대한 경험과 이해를 증대시켜 우리 삶에 적극적으로 활용하고자 한다. 성욕을 감각만이 아닌 영적인 경험으로 승화시킨다면 생활에서 성 에너지를 바라보는 태도는 획기적으로 바뀔 수 있다.

생물학적으로 보자면 인간이 성욕에 이끌려 그 쾌락을 경험하는 능력은 자연스러운 것이며 뇌에 깊이 각인되어 있다. 수백만 년에 걸친 진화 과정에서 우리는 뇌 경로와 호르몬 조절과 같은 놀랍도록 정교한 시스템을 발전시켜 나갔다. 이 시스템을 통해 인류는 좋은 감정과 매력을 느끼는 상대와 짝을 이루어왔다.

신경 과학자들은 사랑조차도 엄밀히 따지면 상당 부분 뇌의 활동으로 인해 느끼는 감정이라고 한다. 사랑이라는 감정은 대뇌가 분비하는 화학물질의 작용으로 발생하기 때문이다. 그들은 성욕을 느끼는 것도 도파민과 노르아드레날린과 같은 신경전달물질이나 호르몬과 관련이 있다고 한다. 다시 말해 섹스를 좋아하는 것은 우리의 뇌인 것이다.

성에 대한 경험은 매우 사적이면서 행복을 이루는 매우 중요한 요소이기도 하다. 나는 여러분들이 건강과 행복 그리고 삶의 목적에 부합할 수 있는 성생활을 영위하기를 바란다. 모든 결과는 자신의 선택 여하에 달려 있음을 명심하고 죄의식에서 벗어나 책임 있는 성생활을 하기를 희망한다.

성생활에 대한 휴먼 테크놀로지의 지침

우리 모두는 성에 대한 느낌과 경험을 선택할 수 있는 권리가 있다. 문화권마다 성생활에 대한 암묵적인 규칙을 정했지만 문화적인 규칙들이 대부분 서로 상충하며 논의의 소지가 많기 때문에 성생활에 대한 결정은 각 개인의 몫이 되어야 한다.

세상에는 성에 대해 죄의식을 느끼게 하는 고리타분한 사고방식이 존재한다. 오랜 역사를 거치면서 성에 대한 수치심과 죄의식은 알게 모르게 인간의 의식에 각인되어 있다. 지나치게 도덕적인 규범은 개인의 의식을 제약하여 궁극적으로 개인의 행복을 방해한다. 아직도 성욕을 표현하는 행위에 대해 가혹한 징벌을 내려야 한다고 주장하는 종교적 교의敎義가 존재한다는 사실에 놀라움을 금할 수 없다.

인간의 천성은 너무나 자연스러운 것이다. 인간의 천성에 '저속하다'거나 '고귀하다'는 수식어가 붙을 이유가 없다. 모든 생명은 성에서 시작한다. 성관계가 이루어지지 않았다면 우리 중 누구도 여기에 존재하지 못했을 것이다. 우리의 가치체계와 태도가 성을 자연스러운 현상으로 볼 때에만 우리는 행복한 미소를 지으며 더욱 성숙하고 행복한 삶에 다가갈 수 있다.

물론 방종과 무책임한 태도를 옹호하려는 것은 절대 아니다.

내가 하고 싶은 말은 성에 대해 무엇보다 책임 있는 태도를 지녀야 한다는 것이다. 내가 느끼는 만큼 상대가 성적인 감정을 느끼지 않을 수도 있다. 혹은 성욕을 배출할 출구를 찾지 못할 수도 있다. 그런 상황에 현명하게 대처하기 위해서는 성숙하고 지혜로워야 하며 구체적인 대응법도 알아 두어야 한다.

우리가 어떤 가치관으로 어떤 선택을 하느냐에 따라 성은 사랑이 될 수도 방종이 될 수도 있다. 성숙한 성은 예술이며 치유이고 몸과 마음이 진정으로 교감하는 수단이다. 성욕은 매우 강력한 욕구이기 때문에 이로 인해 잘못된 판단을 내릴 수도 있다. 타인을 지배하려 들거나 욕망이 날뛰는 대로 제어하지 않고 내버려 두는 성행위를 통해 남에게 상처를 줄 수도 있다. 게다가 성이 중독과도 같은 습관이 되어 버렸을 때는 풍요로운 인간관계나 영적인 면을 앗아가 버리기도 한다.

여기서 다시 한 번 '책임감'에 대해 이야기해 보도록 하자. 사람들은 책임감이라는 단어를 들으면 과거에 저지른 최악의 행동이나 실수를 떠올리곤 한다. '책임을 진다'는 말은 어떤 행위의 결과로 인한 처벌까지도 달게 받아 들이는 것이다. 그런데 책임에 대한 이런 식의 정의는 어떤 상황에서는 별로 혹은 전혀 도움이 안 될 수도 있다.

책임감의 진정한 의미는 자기 자신이 창조자라는 사실을 받아들이는 것이다. 다시 말해 나 자신이 상황을 만들 수도 있으며 그로 인한 어떠한 경험도 할 수 있다는 사실을 이해하고 수용하는 것을 말한다. "이것은 내가 만들어 나가는 내 인생이야." 이 경우에 책임감은 수동적으로 받아들이는 것이 아니라 명예와 권위를 바탕으로 한다.

그런 점에서 성생활도 결국은 나 자신의 창조물이다. 부디 여러분이 가장 원대한 삶의 목표에 부응하면서 자신의 진정한 가치와 욕구를 반영하는 의식 있는 성생활을 영위하기 바란다.

기의 관점에서 본 성

나는 오랜 시간 동안 기에 대한 감각을 수련하는 방법을 연구했다. 몸과 마음을 연결하는 일련의 수련법을 통해 통찰력을 높이고 삶에 대한 경험의 질과 폭을 개선하고자 노력했다.

성性이라는 한자어를 보면 '마음 심心'자와 '날 생生'자가 결합되어 있다. 다시 말하면 성은 '마음이 나오는 곳'이 된다. 여기에서 '마음'이란 모든 피조물의 근원인 우주심宇宙心을 말한다. 이 글자야말로 성 에너지가 우리 생활에서 중요하며 근본적인 강력한 에너지라는 것을 잘 보여주고 있다.

수승화강의 원리로 순환하는 생명 에너지元氣와 성 에너지는 차이가 있다. 성 에너지는 생명 에너지의 특수한 형태이다. 일단 성 에너지가 아랫배 부근인 단전에서 발생하면 머무르지 않고 이동하기 시작한다. 그런데 이 에너지는 잘 다스리지 못하면 온몸을 방황하는 특성이 있다. 그러한 에너지가 머리에 몰리게 되면 편견이나 몽상과 같은 형태로 발현한다.

앞에서 설명한 단전호흡이나 HSP 정충호흡을 하면 성 에너지를 한 곳에 집중해 변화시킬 수 있다. 지속적으로 꾸준히 이러한 호흡을 하면 수승화강의 순환을 촉진시키고 단전의 에너지를 증가시킬 수 있다. 단전에 에너지가 모이면 마치 자석처럼 작용해 흩어진 성 에너지를 끌어 모으기 때문이다. 단전이 약할수록 성욕을 제어하기가 어려워진다. 그러므로 기초적인 체력을 쌓고 몸의 균형을 유지하면서 호흡 수련을 통해 성 에너지를 축적하고 변화시켜 나가야 한다.

적절한 관심과 선택이 병행된다면 성 에너지를 이용해 좀더 풍요롭고 심오한 성생활을 영위할 수도 있다. 에너지는 몸에 있는 세 곳의 단전에 모이는데, 이 단전은 우리 몸의 상부(이마), 중앙(가슴), 하부(아랫배)에 위치해 있다. 이 에너지를 단전에 모으면 성생활의 영적, 감정적, 육체적인 측면을 즐기는 데 도움이 된다.

게다가 단전에 집중된 성 에너지는 생활의 활기를 주고 삶에 대한 열정을 강화해 준다. 미술, 저술, 음악과 같은 창조적 활동이나 사회 활동 혹은 정치 활동에 이르는 다양한 활동의 밑거름이 되기도 한다. 성 에너지가 자연스럽게 흐르면 인간관계 또한 조화롭게 이루어질 수 있다.

성에 대한 휴먼 테크놀로지의 지침과 수련을 통해 모두가 인생에서 더욱 활기차고 긍정적인 성생활을 영위하기를 희망한다. 행복한 성생활은 인간의 권리이기도 하니 말이다.

07

자녀와 성에 대해 대화하기

아이의 성교육은 부모가 직접 대화를 통해 교육하라
가정에서의 성교육은 책임감과 명예, 애정과 관심, 차이의 수용,
고통을 극복하는 용기, 말을 실천으로 옮기는 자세 등과 더불어
부모가 아이들에게 꼭 가르쳐 주어야 하는 가치이다.

HUMAN TECHNOLOGY

당신은 자녀와 성에 대해 이야기해 본 적이 있는가? 대부분의 부모들은 자녀가 일정 나이가 되면 이런 주제에 대해 이야기 나누기를 꺼린다.

나는 종종 세미나에 청중으로 참석한 부모들에게 아이들과 성에 대해 이야기하는지 물어보곤 한다. 대화를 나누지 않는다고 대답하면 다시 이렇게 물어본다. "그럼, 여러분 대신 이웃집 사람이 하는 건 괜찮습니까?" 부모들은 내 질문의 의도를 알아채고 겸연쩍은 웃음을 짓곤 한다. 그리고 그제야 성교육과 관련하여 우리가 만들어낸 모순에 관심을 기울이기 시작한다.

자녀의 성교육은 누구의 몫일까? 그 답은 너무나 자명하여 사실 질문할 가치조차 없다고 생각한다. 자녀의 성교육이야말로 부모가 책임져야 할 중요한 일들 중의 하나라고 나는 확신한다. 우리는 누구나 성 에너지를 지니고 있는데 왜 자녀에게 성욕에 대해 가르쳐야 할 마땅한 권리를 회피하는가?

몸과 친구 되기

부부나 연인들 사이에도 성에 대해 의사소통이 제대로 이루어지지 않으니 부모와 자식 간에는 말할 나위도 없을 것이다. 아이든 어른이든 이 주제에 대해 편안하게 이야기하려면 먼저 몸에 대해 편해져야 한다.

아이들은 가능한 어린 시절부터 몸에 대해 익숙해져야 한다. 사람의 해부학적인 구조를 알만한 나이가 되면 우리는 각 기관의 이름과 역할을 가르쳐야 한다.

4장에서 다루었던 기체조나 지감수련, 명상, 호흡과 같은 방법들은 우리 몸과의 대화이기도 하다. 이러한 방법들을 활용하면 몸과 친해지는 데 훨씬 도움이 될 것이다. 또한 이러한 방법을 이용해 안전하게 질병이 치유되는 과정에서 자기 자신과 타인에 대해 더욱 친밀하게 다가갈 수 있다. 이런 연습을 통해 자연스럽고 편안하게 생식기관이나 성 에너지에 대해 이야기를 나눌 수도 있다. 치유의 관점에서 성욕을 이야기한다면 우리 아이들은 사랑과 신뢰와 상호존중의 차원에서 성을 훨씬 잘 이해하고 받아들이게 될 것이다.

성에 대해 이야기하기

부모는 성 에너지의 힘에 대해 아이가 사춘기가 되기 전에 자연스러운 방법으로 이야기해 주어야 한다. 물론 아이의 이해력에 맞추어야 할 것이다. 성욕을 느끼는 순간은 사람마다 다양할 수 있으며 살면서 성욕은 커지기도 하고 작아지기도 하는 것이 자연스러운 현상임을 알려 주어야 한다. 부모는 자신의 인생 경험에서 필요한 예를 취해 다각도에서 성 에너지를 설명할 수 있다.

과거를 반추해서 실제로 경험했던 풋사랑과 순수한 열정을 예로 들 수도 있다. 우리는 욕망이나 열정 혹은 창조성이라는 모습으로 나타난 성 에너지를 각각 구별할 수 있다. 한 사람과 오랫동안 관계를 유지하거나 결혼 생활을 했다면 살아오면서 성 에너지가 얼마나 단단한 유대감으로 승화할 수 있는지 설명해 줄 수 있을 것이다.

우리는 성행위의 목적과 그 결과에 대해서도 아이와 이야기를 나누어야 한다. 아이들에게 성행위가 다음에 열거한 결과 중 하나 혹은 모든 것을 의미할 수 있음을 분명히 해야 한다. 즉, 성행위는 생명을 만들어 내고 육체적 쾌락을 주며 감정적이고 영석인 결합의 한 형태가 될 수 있음을 알려 줘야 한다. 또한 아이들은 성행위로 인해 원치 않은 임신을 할 수도 있고 감염성 질환에 걸릴 수도 있음을 분명히 알아야 한다.

불행히도 우리가 살고 있는 이 시대는 성교육조차 언론에 의해 상품화되고 말았다. 아이들은 우리 문화가 소비자들의 구매 행위를 부추기는 성적 아이콘들로 점철되어 있음을 알아야 한다. 그런 소비문화의 부정적인 영향력으로부터 아이들을 완전히 차단하기가 불가능하다면 우리는 최선을 다해 그 영향력을 최소화해야 할 것이다.

성행위를 시작하는 적정 연령이란 있을 수 없다. 문화적 규범에 따라 그 기준은 매우 다양하며 개인의 신체적, 정신적 혹은 감정적 성숙도에 따라 모두 다를 수밖에 없다. 만약 성행위를 한 당사자들이 그로 인한 생리적 결과에 대해 무지하거나 서로 간에 존중을 바탕으로 하지 않았다면 그 어떤 말로도 그 행위를 정당화할 수 없다.

그러므로 어머니와 아버지 모두 아이들과 성에 대한 이야기를 나누어야 한다. 특히 아버지는 딸에게, 어머니는 아들에게 이야기할 때 더욱 효과적이라고 생각한다. 막상 이러한 충고를 실행에 옮기려면 난처하기도 하겠지만 부모가 자신들의 성생활에 대한 인식이 높다면 오히려 더욱 효과적으로 이야기를 나눌 수 있을 것이다.

어머니가 아들에게 아버지가 딸에게 서로 반대되는 성의 자녀에게 성에 대해 설명해 주면 아이들은 성욕을 억눌러야 할 본능이라기보다 서로 교감하는 에너지로 받아들이게 된다. 또한 여러 사람들이 가지고 있는 다양한 성의 관점에 대해 이야기해 준다면 편견 없고 지혜로우며 포용적으로 지도할 수 있을 것이다.

성에 대한 대화가 아무리 이론적으로 그럴싸하더라도 이론과 실제가 따로 논다면 아무 소용이 없다. 왜곡된 성 관념과 기형적인 행동이 혼합된 문화 속에서는 대화만으로 모든 문제를 해결할 수 없다. 각종 문화적 도덕규범으로 무장한 우리의 성적 관념과 습관들이 변화에 강하게 저항하기 때문이다. 성에 대해 이론적으로 잘 알고 있다고 해서 아이들이 커서 실제로 성을 접했을 때 올바르게 대처한다는 보장은 없다.

성숙한 성의 모범을 제시하는 것이 성교육에서 무엇보다 중요한 부분이다. 다른 모든 인생 경험처럼 성을 바라보는 우리의 인식도 바꾸어야 한다.

아이들과 성에 대해 제대로 이야기를 나누려면 먼저 신뢰를 바탕으로 한 관계를 맺어야 한다. 성에 대해 아이들과 자유롭게 이야기할 수 있다면 다른 어떤 주제에 대해서도 편하게 이야기할 수 있을 것이다. 성에 대한 이야기를 서로 나눔으로써 아이들은 부모로부터 동등한 인격체로 대우받고 있음을 확신할 것이다. 그러면 아이들은 자긍심과 책임감을 가지고 성숙한 인격체로 자랄 수 있다. 자녀와의 허심탄회하고 진지한 대화를 통해 부모는 자신의 편견 또한 바로잡을 수 있을 것이다.

지혜 나누기

살면서 최악의 선택을 해본 경험은 누구에게나 한 번쯤은 있을 것이다. 지금 알고 있는 것을 가지고 그때로 되돌아간다면 다르게 행동할 수 있을까? 아마 그럴 것이다. 당신이 존경하는 사람이 자신의 젊은 시절과 비슷한 상황에 당신이 처해 있다고 말해 준다면 당신은 그 사람이 했던 전철을 밟지 않아도 될 것이다. 이것은 부모와 자녀와의 관계에서도 마찬가지다. 아이들에게 앞으로 일어날 수 있는 가능성을 이야기해 주면 아이들이 좀더 자신감 있게 선택할 수 있다. 그러므로 부모의 충고만큼 소중한 것도 없을 것이다.

성문제는 부모가 아이들에게 나아갈 방향을 알려 주어야 하는 중요한 문제 중 하나다. 성교육은 책임감과 명예, 애정과 관심, 차이의 수용, 고통을 극복하는 용기, 말을 실천으로 옮기는 자세 등과 더불어 아이들에게 꼭 가르쳐 주어야 하는 가치이다. 이 모든 가치를 배웠을 때 아이들은 소중하고 조화로우며 즐거운 인생을 만들어 나갈 수 있을 것이다.

아이들에게 성에 대한 이야기를 꾸준히 해 준다면 아이들은 자신의 인생을 더욱 풍요롭고 의미 있게 만들어 갈 것이다. 아이들과 진솔한 대화를 나눌 수 있다면 성은 인생에 대한 다른 주제와 마찬가지로 자연스럽고 흥미로우며 생동감 있는 대화의 주제가 될 것이다.

그런 대화 속에서 아이들은 물론 부모 또한 성과 인생 그 자체에 대한 이해가 더욱 깊어질 것이다.

08

영혼을 향한 여행 : 성찰

삶의 목적을 발견할 때까지 영혼의 목소리에 귀 기울여라
"나는 누구인가?" " 내 인생의 목적은 무엇인가?"
누구나 살아가면서 한 번쯤은 문득 이러한 의문들을 떠올린다.
완전한 삶을 살기를 바란다면 이 물음에 어떤 식으로든 답을 찾아야 할 것이다.

HUMAN TECHNOLOGY

휴먼 테크놀로지의 역할은 사람들이 인생을 살아나갈 도구를 마련하여 일상에서 활용할 수 있도록 돕는 것이다. 하지만 이 도구라는 것도 의미 있게 사용했을 때만 그 가치가 나타난다. 그러므로 나는 휴먼 테크놀로지에 인생의 목표를 탐구하는 과정을 포함시켰다. 다음에 소개하는 이야기들을 어떤 종교적 교리처럼 받아들이지는 않았으면 한다.

여기에서 전하고자 하는 이야기는 순전히 나의 개인적인 경험에서 비롯된 것이다. 이성적으로 이 이야기들을 받아들일 수 있다면 누구라도 내가 전하고자 하는 단순명료한 메시지에 모두 동의하리라 믿는다. 나는 우리가 본능적으로 영혼의 목소리를 들을 수 있다고 믿는다. 물론 어떤 물질적인 증거를 댈 수는 없다. 다만 나는 내 영혼을 느낄 수 있으며, 나의 진정한 본질로서 내 영혼을 아끼고 있다고 말할 수 있을 뿐이다.

21세기를 살아가는 사람이라면 다음에 소개하는 글을 자신의 영혼을 찾아 떠나는 여행의 지침서로 봐 주기를 바랄 뿐이다. 이 여행의 과정을 '성찰', '자각' 그리고 '선택'과 '결심'이라는 연속적인 과정으로 설명할 수 있다.

"나는 누구인가?" "내 인생의 목표는 무엇인가?" 누구나 살아가면서 한 번쯤은 문득 이러한 의문들을 떠올린다. 완전한 삶을 살기를 바란다면 이 물음에 어떤 식으로든 답을 찾아야 할 것이다. 그런 과정에서 영혼의 존재 여부나 종교를 믿고 안 믿고는 중요하지 않다. 이런 의문에 자기만의 답을 구하지 못한다면 물질적으로 아무리 풍요롭다 하더라도 그 사람의 인생은 무의미하며 공허할 뿐이다. 만약 당신이 영혼의 여행을 원하고 있다면 아무런 선입견이나 사심 없이 스스로에게 위의 질문을 던져보자. 그리고 자기의 영혼이 그 질문에 무엇이라 답하는지 귀 기울여 보자.

영혼의 목소리

우리 안에서는 수많은 소리가 나온다. 몸의 소리, 생각의 소리 그리고 감정의 소리들이다. 그 소리에 관심을 기울이면 무엇인가가 혹은 누군가가 끊임없이 우리에게 말을 거는 목소리가 들릴 것이다. 차분하게 그 소리에 귀 기울이면 우리 외부에서 들려오는 목소리는 들리지 않는다. 무엇인가가 끊임없이 우리 내부에서 말을 걸고 있다. 그 존재는 우리가 보고 듣는 정보에 계속해서 반응을 보낸다. 사실 그 존재는 지금 당신이 이 글을 읽고 있는 순간에도 반응하고 있다. "춥다", "덥다", "배고프다", "저 사람 멋있다"와 같은 다양한 생각들은 끊임없이 여과되면서 우리의 지식과 경험을 이룬다. 하지만 마음이 평온한 순간에 우리는 또 다른 특별한 목소리를 들을 수 있다.

어제와 변함없는 똑같은 하루다. 날씨는 화창하다. 일거리에서 잠시 눈을 들고 창밖을 바라본다. 몸은 편안하고 마음은 상쾌하며 평온하다. 마음속 깊은 곳에서 그리움이랄까 상실감이랄까 마치 아주 중요한 것을 잃어버린 것 같은 느낌이 전해져 온다. 이 느낌은 도대체 무엇일까.

그러다 갑자기 어떤 소리가 들린다. "이게 다 일까?" "지금 나는 무엇을 하고 있지?" 마치 누군가가 내게 질문을 던진 것 같아 놀라서 주위를 돌아본다. 멋쩍기도 하고 어색하기도 해서 다시 하던 일을 계속한다. 하루 종일 낯선 목소리가 계속 들려오는 것 같다. 하지만 아무에게도 이 이야기를 하지 않는다. 그저 마음속에 꽁꽁 숨겨두는 것이다. 그 목소리는 내 주위의 온갖 소음에 휩쓸려 사라지고 그 후로 한참 동안 나는 그 일을 까맣게 잊고 지낸다.

혹시 이런 경험을 당신도 겪은 적이 있는가? 그렇다면 그때의 느낌을 다시 한 번 되살려 보자. 그것은 누구의 목소리였을까? 나는 그 목소리가 바로 당신에게 말을 건네는 영혼의 목소리라고 말하고 싶다. 누구나 살면서 이런 목소리를 듣고 비슷한 의문에 빠졌던 적이 있으리라, 나는 자신 있게 말할 수 있다. 하지만 소위 성인이며 생활인으로서의 책임감은 인생에 대한 이런 심오한 생각에 빠져 있는 당신을 하루하루의 생활전선으로 다시 데려갔을 것이다. 우리는 거의 대부분의 시간들을 순간적인 감각의 욕구를 충족시키기 위해 살고 있다고 해도 과언이 아니다. 어떻게 먹고 살지에 신경 쓰느라 왜 살아야 하는지에 대해서 마음 쓸 겨를이 없다. 언젠가 자신이 그런 질문을 가졌다는 사실조차 잊고 지내기도 한다.

그런 현실에서 인간의 비극은 시작된다. 그렇게 살다보면 어느 날 인생이 허무해지는 순간이 반드시 찾아오기 때문이다. 그러면 자신의 인생을 정당화하기 위해 온갖 구실을 생각해 낼 것이다. '내 인생은 온전히 나만의 것이 아니다.' '내 가족, 내가 사랑하는 사람들, 내일 혹은 내 종교적 신념을 위한 것이다.' 라고 말이다. 하지만 이런 가치만큼이나 '나' 라는 존재도 중요하다. 그리고 이 존재의 깊숙한 어딘가에는 더 중요한 무엇이 반드시 존재하고 있음을 우리는 느끼고 있다. 아등바등하며 목숨을 연명하는 것 외에 더 중요한 무엇인가가 말이다. 그곳에서는 분명 이 모든 것에 대한 이유와 목적이 우리가 찾아 주기만을 기다리고 있을 것이다.

인생의 본질에 대한 의문은 마음 깊숙한 곳에서 잊혀져 있다가 이 세상을 떠날 무렵이 되어서야 다시 되살아난다. 갑자기 그 문제들이 너무나 중요하게 여겨지는 것이다. 그때가 되면 우리는 우리 자신에 대해 너무 모른 채 살아왔다는 것을 깨달을지도 모른다. 아니면 우리가 왜 지금까지 살아왔는지 그 해답을 찾을지도 모른다. 이 세상에서의 시간이 끝나갈 무렵에서야 우리는 다음과 같은 질문을 되뇌며 당혹감에 휩싸일지도 모른다. "이제까지 내가 살아온 인생이 다 뭐란 말인가? 난 뭘 위해서 살아온 거지?"

여행 떠나기

우리는 종종 인생을 여행에 비유하곤 하지만 오히려 방랑에 가깝다고 해야 할 것이다. 많은 사람들이 여행의 목적지조차 모른 채 헤매고 있기 때문이다. 방랑자들은 정처 없이 발걸음을 옮기지만 여행자들은 각자의 목적지를 마음속에 품고 있다.
  우리가 누구이며 왜 살고 있는지에 대해 명확한 해답을 가지고 있다면 우리의 인생은 방랑이 아닌 여행이다. 그 여행을 계속하다 보면 온갖 이야기가 만들어질 것이다. 그리고 여행의 종착지에 다다라서 그 이야기에 단 한 줄만 덧붙이면 멋진 인생이 마무리된다.
  나도 다른 사람들처럼 어느 날 그 목소리를 들었다. 처음부터 그 목소리에 관심을 기울인 것은 아니었다. 하지만 시간이 갈수록 그 목소리가 좋아지기 시작했다. 그 목소리에 더 가까이 다가갔고 우리는 많은 것을 함께하게 되었다. 슬픔, 기쁨, 패배감과 승리감, 즐거움과 고통까지 모든 것을 함께했다. 결국 우리는 평화에 도달했고 서로에게 미소 지었다.

그 목소리와 친구가 된 후로 난 내가 찾고 있던 그 무엇인가를 찾을 수 있었다. 내가 관심을 기울이든 말든 목소리는 끊임없이 내게 말을 걸었다. 내가 깨어 있는 동안에도, 잠들어 있는 동안에도 목소리는 쉬지 않았다. 나의 관심을 끄는 외부의 소음들 때문에 목소리를 듣지 못할 때도 있었다. 몸, 마음 그리고 감정의 소리들이 영혼의 목소리보다 훨씬 더 크고 시끄럽다. 그 소리들은 언제나 큰 소리로 떠들기 때문에 영혼의 목소리는 그 속에서 자취를 감추기 일쑤다.

몸, 마음 그리고 감정의 목소리가 부드럽게 잦아든 후에야 영혼의 목소리를 들을 수 있다. 영혼의 여행을 떠나기 전에는 이 시끄러운 소리들은 오로지 몸에만 신경을 썼다. 우리의 몸은 여러 상황에서 다양한 욕구를 표출하지만 대체적으로 안정의 욕구, 인정의 욕구 그리고 지배의 욕구를 갖는다. 그래서 우리는 물질적인 풍요를 통해 안정감을 느끼려고 애쓴다. 다른 사람으로부터 인정을 받으면 만족감을 느끼기도 한다. 현재 상황이나 주변의 사람들을 통제한다고 느끼는 순간 우월감과 자신감을 만끽하기도 한다.

이 세 가지 욕망들이 채워지지 않으면 우리의 몸과 마음과 감정은 계속해서 시끄러운 불평을 늘어 놓는다. "날 쫓아내려고? 꿈도 꾸지 마!" "어떻게 감히 네가 나를 무시하지?" "내 말 잘 듣고 시키는 대로 해!" 이런 식으로 말이다.

하지만 영혼의 목소리는 그런 에고에는 아무런 관심도 없다. 가령, 우리가 열심히 노력해서 유명해지고 성공하게 되었다면 영혼은 이렇게 말할 것이다. "이제 만족하니? 이게 진정 네가 원하는 것이니?"라고 말이다.

영혼의 목소리를 들으려면 각자의 몸과 마음과 감정의 소리를 조용하게 다스릴 수 있는 능력을 키우는 수밖에 없다. 그것은 누가 대신 들어줄 수 없기 때문이다.

휴먼 테크놀로지에서 소개하는 호흡, 명상, 도인체조 등은 단순히 건강과 기의 상태를 다스리는 것만이 아니라 우리의 마음을 평온하게 만들어 영혼의 목소리에 귀 기울일 수 있는 상태로 만들어준다.

"나는 누구인가? 나는 왜 지금 여기에 있는 걸까?" 이런 의문에 과연 영혼은 어떤 대답을 할까? 처음에는 이런 목소리가 들릴 것이다. "지금 이 일을 하고 있는 이 사람이 바로 나야." 물론 매우 이성적인 대답이다. 그리고 바로 그 단계에서 당신이 듣고 싶어 하는 대답이기도 할 것이다.

그러나 이성적이고 다분히 의도적인 대답에 안주하지 말고 계속해서 그러한 질문을 던져보기를 바란다. 진지한 자세로 끊임없이 질문을 곱씹다 보면 언젠가는 직업, 성격, 민족, 성(性)으로 첩첩이 둘러싸인 방어막을 벗고 그 안에서 진정한 대답이 찾아올 것이다. 그러면 앞에서 던진 두 질문은 서로 다르지 않으며, 하나의 질문이 다른 질문의 답마저 찾아 준다는 것을 깨닫게 된다. 말로써는 도저히 표현할 수 없는 대답을 얻게 되면 인생의 우선 순위는 송두리째 뒤바뀔 것이다.

09

영혼의 여행 : 자각

삶의 '고'와 '무상'을 아는 것은 깨달음의 시작이다
우리에게 만족감을 주는 조건들은 영원히 지속되지 않는다.
그 조건이 사라지면 그것을 충족시키기 위해 또다시 방랑을 시작한다.
이러한 소모적인 순환의 고리를 끊을 수 있을 만큼 성숙해지기 위해서는
삶의 고품와 무상無常 을 자각하고 직시해야 한다.

HUMAN TECHNOLOGY

대부분의 사람들은 자신이 살아온 삶을 반추해 볼 때 대부분 입맛이 씁쓸한 느낌을 받는다. 그러나 어쩌면 인생에서 위기가 찾아오는 한 순간에 정곡을 찌르는 의문을 품을 수도 있다. 삶이 허무하다고 느끼는 순간 어찌할 바를 모르게 될지도 모른다. 인생에서 느끼는 불안과 공허함을 혼자서 감당해야 한다. 하지만 이런 감정을 회피하기 위해 관심을 다른 곳으로 돌려서는 안 된다. 이러한 감정이야말로 깨달음을 얻기 위한 첫걸음이기 때문이다.

그렇다면 우리가 이러한 자각을 얻게 되는 원칙에는 어떤 것들이 있을까? 영혼의 목소리에 귀 기울이게 되는 순간, 그 목소리에 부응하기로 결정한 후에는 이 세상을 어떻게 바라보게 될까?

고 苦

몸에게 인생은 고통일 수밖에 없다. 물론 기나긴 인생 중에서 만개한 꽃처럼 아름다웠던 시절도 있을 것이다. 그러나 전체적인 모습을 그려 보았을 때 인생은 원치 않는 사건과 고난으로 가득하다.

우리가 이 세상에 태어난 것 자체가 자신의 선택이 아니라 외부의 힘에 의한 것이었다는 사실만으로도 고통인 것이다. 우리는 시간과 공간 그리고 고독한 영혼을 끌어 안고 있는 물리적인 몸에 갇혀서 살아간다.

"행복은 마음의 상태이다." "행복은 선택이다." "자신만의 행복을 만들어라." 우리 주변에는 이러한 자기개발을 위한 경구들이 넘쳐난다. 왜 그럴까? 끝도 없이 행복을 추구하는 하루를 보내고 삶의 무게에 짓눌려 쓰러지듯 침대에 누우며 차라리 내일이 오지 말았으면 하고 기도해 본 적은 없는가?

삶이 무한한 행복의 원천 그 자체라면 우리에게 철학이나 영성이 왜 필요하겠는가? 행복을 느낄 때는 삶의 의미에 대한 고민으로 자신을 괴롭히지 않는다. 행복감이 서서히 사그라지면 그제야 우리는 인생의 의미를 추구하기 시작한다. "왜 이런 일이 내게 일어났을까?" "이 일은 내 인생에서 어떤 의미를 갖는 것일까?" 그러다 다시 행복해지면 이런 의문을 깡그리 잊고 만다. 다시 찾은 행복이 새로운 변화와 역경에 부딪히면 다시 이렇게 질문한다. "왜 내게 또 이런 일이?"

우리에게 만족감을 주는 조건들은 영원히 지속되지 않는다. 그 조건이 사라지면 우리는 또 다시 인생의 의미를 찾기 위해 끝없는 방랑을 시작한다. 이러한 소모적인 순환의 고리를 끊을 수 있을 만큼 충분히 성숙해져야만 우리는 존재에 대한 심오하고도 진지한 물음을 탐구할 수 있다.

성숙해진 우리는 삶을 켜켜이 에워싸고 있는 의미들을 벗겨내기 시작하는데 그것은 고독과 공허함으로 가는 과정이다. 대부분의 사람들은 이 고독감을 이겨내지 못한다. 그래서 우리는 인생의 의미를 묻는 질문을 애써 잊으려 하지만 그 메아리는 사라지지 않고 우리의 발목을 잡는다. 하지만 우리가 진정으로 인생의 의미를 깨달으려고 애쓴다면 용기를 가지고 그 공허함을 두 눈으로 직시해야 한다.

덧없는 행복의 순간이 점멸하고 있는 고통의 연속이 바로 인생의 자화상이다. 바로 이러한 참을 수 없는 공허한 상태를 인정해야만 비로소 영혼을 찾아 떠나는 여행을 시작할 수 있다. 당신의 온 존재를 바쳐 결코 변하지 않을 진리를 찾고 싶다면 영혼의 목소리에 귀 기울이며 그 목소리를 언제나 기억해야 한다. 용기를 가지고 극기의 자세로 영혼 깊숙한 곳에서 사자후처럼 터져 나오는 의문들을 계속 탐구해 나가야 한다.

무상 無常

두 번째 가르침은 무상이다. 무상은 가장 일반적인 우주의 현상이다. 이 세상에서 변화하지 않는 유일한 현실은 변화뿐이다. 계절, 일, 인간관계 등 변하지 않는 것은 아무것도 없다.

살면서 경험하는 모든 것은 무상하며 상대적이다. 확실한 것은 최후의 죽음뿐이며 바로 이때 출생으로 시작한 생명의 순환이 비로소 완성된다. 이러한 진리에 대해 명상을 함으로써 우리는 우리 자체도 무상함의 현현顯現일 뿐임을 깨닫게 된다.

이 가르침을 깊이 이해하면 좀더 겸손해지고 진지해질 것이다. 매 순간을 소중히 여기며 최선을 다하기 위해 노력할 것이다. 스트레스도 덜 느끼며 생활에서 겪는 다양한 상황을 더욱 잘 받아들이게 된다. 좋은 일이 일어나면 사람들은 기쁨을 느끼며 감사한다. 하지만 그 순간도 영원하지 않으리라는 것을 너무나 잘 알게 되면 기쁨의 순간에도 초연해질 수 있다. 그저 모든 순간과 경험을 축복으로 여기게 될 것이다.

게다가 아직도 이 진리를 깨닫지 못한 사람들에 대한 연민과 사랑을 함께 느낄 것이다. 그들은 마치 아이들과 같으므로 아이들을 사랑하듯 그렇게 사랑해 주어야 한다. 물론 이러한 깨달음을 실행하기 위해서는 불굴의 용기와 인내심이 필요하다. 하지만 어느 순간에 죽음이 찾아와도 전혀 두렵지 않다. 삶의 무상함을 깨닫는 순간 우리는 우리의 진정한 자아를 알고자 하는 열망에 휩싸이게 된다.

하루가 다르게 변화하는 현대에 살고 있기 때문에 독자 여러분은 무상이 어떤 것인지 이미 이론적으로는 다들 알고 있을 것이다. 도전이란 우리의 뇌와 몸과 아주 밀접한 관계가 있다. 그런데 뇌와 몸은 정형화된 기대에 쉽게 조건화되어 버린다.

우리의 임무는 우리의 몸을 무상한 현실에 적응시키는 것이다. 지속적인 변화에 따르는 공허한 감정이 마음에 들지 않을지도 모르고 만족감을 주는 특정한 상황에 이미 완전히 적응되어 있을 수도 있다. 그러한 감정과 집착은 물리적인 신경계의 만족을 추구하는 태도에서 비롯하지만 우리는 육체적인 수련을 통해 화학물질과 신경계 사이의 관계를 컨트롤할 수 있다. 앞으로 12장에서 살펴볼 뇌호흡 중에서도 뇌 유연화 과정을 수련하면 '무상'을 몸으로 체험하게 되며 그 경험을 일상의 한 부분으로 탈바꿈시킬 수도 있다.

무아 無我

삶의 무상함을 넘어서더라도 여전히 뿌리깊이 박혀 있는 허위가 남아 있다. 우리 밖의 세상은 무상하고 가변적이라고 생각해 자기 자신에서 피난처를 찾으려 할 수도 있다. 심지어 데카르트와 같은 철학자조차도 자기 자신을 제외한 모든 현상을 의심한 것으로 유명하지 않은가.

하지만 바로 여기에 마지막 진리가 있다. '나' 조차도 환상일 뿐이다. '나' 라는 환상이 존재한다는 것 자체가 우리가 무상함에 대해 근본적으로 무지하다는 사실을 증명한다. '나' 에 집착하는 것이야말로 원초적인 집착이기 때문이다. 무상함이 고통을 유발할 수 있는 것은 '나' 를 통해서 뿐이다. 만약 '내' 가 진짜이며 안정적이라면 '나' 는 내 주위의 무상함을 견뎌낼 수 있다. 모든 집착과 고통은 '내' 가 실재한다는 믿음에서 비롯한다.

무아의 경지에 도달할 수 있는 수련은 그 무엇보다 어렵다. 과거에는 영적 스승들이 제자들에게 온갖 고통스러운 고행을 통해서 무아의 경지에 도달할 수 있다고 가르쳤다. 물론 그러한 방법이 효과적이기는 하나 모두에게 다 통하는 방법이라고 보장할 수는 없다. 나 자신도 21일간 먹지도 자지도 않는 고행을 해 보았다. 하지만 내가 했다고 남에게도 권하고 싶지는 않다. 대신 무아의 깨달음을 얻고자 하는 사람들에게 명상을 권하고 싶다. 각자에게 적합한 지도자를 찾아 명상법을 지도받을 것을 권하고 싶다.

살면서 겪는 모든 일이 무아의 깨달음을 주는 최고의 수련이 될 수 있다. 생각 없이 내뱉는 말 한 마디에 대한 당신의 반응, 도움을 청하는 전화 혹은 당신의 행동들이 모두 쓸모가 있다. 단순하지만 혁신적인 관점의 변화로 말미암아 당신의 인생은 무아를 경험할 수 있는 기회들로 가득 차게 된다.

무아를 깨닫기 위해 지극히 온순한 무아의 상태가 필요한 것은 아님을 명심하라. 무아는 언제 어느 때고 가능하다. 평범한 상황이든 극적인 상황이든 무아의 깨달음은 가리지 않고 찾아온다. 가장 심오한 무아의 경험을 둔감한 관찰자들은 전혀 느끼지 못한 채 지나갈 수 있다. 설거지를 하거나 일광욕을 하는 것 혹은 군대 훈련을 받는 것조차도 무아를 제대로 깨달을 수 있는 과정이 될 수 있다.

그렇다면 우리가 왜 무아에 도달해야 하는 것일까. 그것은 바로 무아가 가장 위대한 창조성으로 통하기 때문이다. '나' 라는 존재는 창조적인 행위에 동기를 부여하는 미미한 존재이다. '나' 라는 존재는 그 정의나 본성을 살펴보면 단일하고 제한적인 관점이라 할 수 있다.

다음의 질문에 답해 보자. 당신이 가지고 있는 지식만으로 인생의 가장 중요한 질문에 제대로 답할 수 있었는가? 당신의 경험만으로 그 질문에 답할 수 있었는가?

당신이 알고 있으며 경험하고 있는 '나' 에만 갇혀 있다면 당신은 결코 진정한 창조성을 활용할 수 없다. 지식과 경험은 진정한 당신이 아니기 때문이다. 이 두 가지는 당신이 알고 경험하는 '나' 일 뿐이다. 그 끝이 어떤지 다 알고 있으며 모든 테스트를 마친 안전한 길을 택하는 사람은 결코 창조적인 영혼의 소유자라 할 수 없다. 위대한 영혼이라면 앞이 보이지 않으면 길을 만들어나갈 것이다.

지금까지의 모든 경험 즉, 경험하는 '나'에서 벗어날 때 비로소 진정한 창조성에 다가갈 수 있다. 지금까지의 '나'에 갇혀 있으면서 우리는 무책임하게도 자신의 창조성을 의심한다. 우리가 무아의 깨달음을 얻게 되면 '나'가 그어놓은 모든 경계가 사라지고 무한한 창조성이 내 안에서 분출할 것이다. 무아의 경지에 도달하려면 먼저 무상과 공허를 진정한 창조성의 기반으로 삼아야 한다. 무아를 깨달으면 경계를 깨고 나와 무한한 잠재력을 발휘할 수 있다. 무아의 경지에 들어서면 창조자와 소통할 수 있다.

무아를 이루는 것은 우리가 이전에는 결코 경험하지 못했던 뇌의 잠재력을 온 세상에 내보이는 것이다. 그 순간 우리는 이전에는 결코 생각지도 못했던 새로운 '나'로 다시 탄생하게 된다. 무아의 경지에 도달한 당신은 지상의 꼭대기이자 천국의 바로 아래에 서 있는 것이며 끊임없이 창조할 수 있는 위대한 영혼의 잠재력을 완전히 실현하게 되는 것이다.

나는 지금까지 강조한 가르침들이 영혼을 향해 떠나는 각자의 여행에 소중한 도움이 되기를 희망한다. 고, 무상 그리고 무아에 대한 자각은 영혼을 찾아 떠나는 여행 내내 소중히 간직해야 할 원칙들이다. 이 진리를 깨닫는다면 당신은 최고의 경지를 선택할 수 있는 힘과 책임을 얻게 될 것이다.

10

영혼과 함께하는 여행 :
'선택'과 '존재함'

영혼이 알려준 길을 정직, 성실, 책임감을 가지고 걸어가라
깨달음 이후의 선택은 이전의 선택과는 완전히 다르다.
이제부터의 선택은 길을 찾기 위함이 아니라
각자가 찾은 길의 문을 활짝 열기 위한 선택이다.

HUMAN TECHNOLOGY

영혼의 자각을 경험한 사람에게는 몇 가지 선택의 길이 열린다. 어떤 이는 영혼의 목소리가 알려주는 방향으로 살아가기를 택할 것이다. 반면 영혼의 목소리를 의심하여 그것을 피할 변명 거리를 만들어 내는 사람도 있을 것이다. 가장 흔히 볼 수 있는 모습은 이 두 가지 선택을 앞에 놓고 갈팡질팡하는 것이다. 그래서 영혼이 제시한 인생의 목표를 추구하려는 열망에 휩싸였다가도 어느 순간 과거의 모습으로 돌아가려는 욕망을 느낀다.

영혼이 제시하는 길을 따라가다 보면 그에 합당한 보상과 기쁨을 느낄 수 있다. 하지만 상상도 할 수 없을 만큼 지난한 길이기도 하다. 정면으로 닥쳐오는 도전에 맞서서 계속 나갈 것인지 아니면 그대로 주저앉고 말 것인지 선택해야 한다. 이 과정에서 우리의 영혼은 소중한 길잡이가 된다. 우리의 영혼은 우리가 얼마나 충실한 존재인지 아닌지 잘 알고 있다. 영혼의 목소리에 더욱 의지한다면 영혼은 우리에게 길을 보여줄 것이다. 우리의 여로에 나타난 장애물을 어떻게 다룰 수 있을지 그 방법을 알려줄 것이다. 우리가 영혼의 목소리에 관심을 기울이든 기울이지 않든 영혼은 끊임없이 우리를 시험하듯 선택의 상황을 제시한다.

우리는 그 선택을 자유의 문제, 혹은 자유의지나 책임에 관한 철학적인 문제라고 생각할 것이다. 만약 선택이 그러한 의미를 담을 수 있다면 나는 이번 장에서 창조력을 발휘할 수 있는 계기라는 측면에서 선택을 다루어 보려고 한다. 창조력을 발휘하기 위해서 우선 '존재함' 이라는 상태부터 탐구해 보도록 하자.

창조의 순서

누군가가 당신에게 어떨 때 행복하냐고 묻는다면 어떻게 대답할 것인가? 이런 질문을 들으면 대충 '소유 - 행동 - 상태'라는 도식에 근거한 답변이 나오게 마련이다. 가령, "저것이 있다면…"이라든가 "저걸 할 수 있다면 행복할 텐데…"라는 답변이 나올 것이다. 이러한 관점에서 보면 당신은 현재 무엇을 가지고 있거나 할 수 있는지에 따라 행복한 상태가 될 수도 있고 안 될 수도 있다. 바로 여기에 자멸의 씨앗이 잉태한다.

이제 이 공식을 뒤집어서 생각해 보자. 당신을 행복하게 만드는 방법이 바로 행복이다. 풀어 말하면 '상태 - 행동 - 소유'의 순서가 된다. 우리가 어떤 상태를 원하든지 그러한 상태에서 바로 시작하는 것이다. '상태'는 '소유'보다 훨씬 깨달음에 가깝다. '존재함'은 선택과 창조로만 이루어진 공간이다. 이것은 어마어마한 힘을 지닌 상태다.

"나는 행복해. 나는 관대한 사람이야. 나는…" 이러한 진술들은 자명한 진리와 다름없다. 당신이 그렇게 되기로 결심하면 그 순간 우리 몸을 구성하는 모든 세포 하나하나에 그런 '상태'가 스며들게 된다. 그러면 당신의 뇌는 그런 '존재의 상태'를 표현하고 모든 경험을 창조할 수 있는 잠재력을 지닌다.

게다가 건강한 뇌라면 본능적으로 행동을 취하기 시작한다. 우리가 어떤 상태인지 알게 되면 우리의 뇌는 그 상태에 적절한 행동으로 우리를 이끈다. 우리가 행복한 상태로 존재하면 행복한 사람처럼 행동하게 되는 것이다. 이러한 과정이 거대한 순환을 이루어 간다. 행복한 상태가 행복한 행동을 이끌어 내고 그것이 더 큰 행복을 만들어 가는 것이다.

이러한 상태에 수반되는 '소유'는 대부분 부차적인 것이라 할 수 있다. 깨달음을 얻은 영혼은 존재의 선택으로부터 촉발된 목적을 이미 완수했다. 하지만 '소유'는 상태와 행동이라는 끊임없는 습관의 자연스러운 부산물이다. 행복한 사람은 더 많이 웃고 생활에서도 활력이 넘친다. 자연히 긍정적인 인간관계를 많이 맺게 될 것이며 행복을 유발하는 습관을 보여 줄 기회가 훨씬 더 많을 것이다.

진정한 '존재함'의 상태에서 시작한다면 끝내기도 전에 이미 성공한 것이나 다름없다. 그리고 깨달음을 얻은 영혼이 요구하지 않더라도 이미 소유의 씨앗을 뿌린 것이나 다름없다.

메울 수 없는 간격

이런 생각이 들 수도 있을 것이다. "순서를 바꾸는 일이 그렇게 간단하다면 왜 사람들은 깨달은 바를 실천해서 영원히 행복하게 살지 못하는 것일까?" 하고 말이다. 휴먼 테크놀로지에서 설명하는 이론과 실천방법을 활용한다면 이 질문에 대한 해답을 구할 수 있을 것이다.

현실을 살펴보면 우리를 둘러싸고 있는 문화와 사회적 제도들 대부분이 '소유 – 행동 – 상태'의 공식에 바탕을 두고 있다. 그러므로 우리는 '소유'를 추구하는 생활방식에 너무나 익숙해져 있다. 여기서 우리의 습관과 영혼의 자각 사이에 간극이 발생하기 시작한다. 이제까지의 습관에 매달리면 매달릴수록 그 간극은 넓어질 수밖에 없다.

다행스럽게도 휴먼 테크놀로지를 활용하면 '상태 – 행동 – 소유'라는 새로운 공식을 실천할 수 있을 것이다. 우리 영혼의 목소리는 그 과정에서 길잡이가 된다. 그러니, 절대 그 목소리에서 귀를 돌려서는 안 된다. 이제 우리 영혼에게 길을 물어보자!

물론 쉬운 일이 아니다. 영혼의 목소리를 들을 준비가 되어 있지 않기 때문에 마음과 감정의 시끄러운 소리만이 들릴 것이다. 그 목소리는 우리에게 과거의 습관으로 돌아가라고 외친다. 우리는 끊임없는 선택을 통해 스스로 영혼의 목소리를 택해야 한다. 인내하며 영혼의 목소리를 찾을 때만이 앞에서 말한 간격을 점차적으로 줄여 나갈 수 있다. 그리고 지속적인 수련을 통해 새로운 생활 태도를 지탱하는 힘이 커지게 되면 '소유 - 행동 - 상태'의 관성에 끌려 다니지 않게 된다.

이제 이러한 과정에 힘을 실어주고 깨달음과 현실 사이의 간격을 메워줄 수 있는 휴먼 테크놀로지의 여러 실천방법들을 살펴보도록 하자.

명상, 현재에 존재하는 것

앞에서 나는 꼭 특정 자세로 앉아서 명상을 할 필요는 없다고 말했다. 특정 자세는 필요하지 않지만 마음과 몸의 잡음을 없애고 영혼의 목소리에 더욱 민감해지기 위해서는 육체와 정신의 수련이 필요하다. 명상에서 가장 중요한 것은 '지금 바로 이 순간'에 몰입하는 것이다. 바로 이 순간이 새로운 시작이며 새로운 기회라는 사실을 끊임없이 떠올려야 한다. 즉, 현재를 선택함으로써 과거에서 벗어나야 한다.

물론 이렇게 생각할 수도 있다. "내가 원하는 삶이 어떤 것인지 나는 잘 알아. 이제까지 그런 인생과는 너무나 동떨어진 삶을 살았어. 과연 내가 그런 삶을 동경할 자격이 있는 걸까? 내가 선택한 삶을 살아갈 수 있을까?"라고 말이다. 이런 생각이 들 때마다 현재에 집중하라. 당신이 바로 직전까지 어떤 사람이었는지는 중요하지 않다. 과거에 어떤 상황을 겪었는지도 중요하지 않다. 그 어떤 것도 이 순간 우리의 선택인 현재를 훼손할 수 없다. 과거의 그 무엇도 신성한 현재를 사라지게 할 수는 없는 것이다.

이렇게 현재의 의미에 눈을 뜨게 되면 우리는 더욱 쉽게 삶의 목적을 선택할 수 있으며 그 목적을 향해 나아가게 된다. 우리의 창조력은 더욱 성장할 것이며 명상은 그 힘에 양분으로써 작용한다.

여러분이 활용할 수 있는 휴먼 테크놀로지의 실천방법으로 나는 여러 가지 동작으로 이루어진 명상인 '절 명상'을 소개하고자 한다. 이 명상 수련은 건강을 증진함을 물론 신체의 유연성을 높여주고 기 순환을 원활하게 하며 영혼의 목소리를 더 잘 들을 수 있도록 도와준다. 이러한 장점들이 하나로 결합되면 놀라운 결과를 얻을 수 있다.

성실함의 명상, 절

절은 인간이 고안해 낸 가장 단순하면서도 영적인 활동에 속한다. 절은 어떤 물체를 받아들이고 깊이 이해하고 있음을 나타내며 동시에 그 물체에 대한 감정을 보여주기도 한다. 절을 함으로써 우리는 자신의 영혼을 받아들이고 이해하며 느낀다. 게다가 이러한 명상 수련을 통해 자기 자신이라는 편협한 사고에서 벗어나 광대한 우주의 기를 받아들이게 되는 것이다.

나는 이 절 명상법을 '성실함의 명상'이라고 부른다. 절을 열심히 하다보면 성실성의 본질을 깨닫지 않을 수 없기 때문이다. 이 명상 수련에는 온 우주와 하나가 되는 동작들이 들어가 있다. 우리가 두 손을 벌리면 하늘의 기운에 닿게 된다. 그리고 허리를 구부리고 바닥에 상체를 누이면 대지의 기운과 하나가 된다.

절의 횟수는 정해져 있지 않다. 절 명상은 명상 수련임과 동시에 훌륭한 도인체조이기도 하다. 명상을 하게 되면 허리가 강해지고 단전에 따뜻한 기운이 들어설 것이다.

1. 마음을 편안히 하고 양 손바닥을 가슴 앞에서 합장한다. 양손을 아래로 내리면서 양쪽으로 뻗는다. 양손을 머리 위에서 마주 닿을 때까지 크게 원을 그린다. 손이 위로 올라갈 때 숨을 들이쉬고 땅의 기운을 느

낀다. 손을 들어 올리면서 이 기운이 위로 따라 온다고 상상한다.

2. 손바닥을 맞붙인 채 머리 위로 쭉 뻗는다. 손가락에서 정수리에 있는 백회혈로 기가 모이는 것을 느낀다.

3. 손을 맞붙인 채로 가슴까지 천천히 내리면 백회혈로 모인 기가 손을 따라 일직선으로 가슴으로 내려온다.

4. 손바닥은 여전히 합장한 자세를 유지한 채, 허리를 앞으로 구부린다. 상체를 앞으로 숙일 때 가능한 한 많이 숙인다. 몸을 더 깊이 숙일수록 겸손함으로 마음이 비워진다.

5. 발끝이 바닥에 닿도록 무릎을 굽히며 꿇어 앉는다.

6. 허리와 목을 앞으로 굽히며 양손을 완전히 뻗어서 양손바닥이 바닥에 닿도록 한다. 손바닥을 위로 뒤집어 손을 올리며 숨을 내쉰다. 이 동작을 할 때 상체를 가능한 한 많이 숙인다. 하늘과 땅에 감사하며 가슴 속의 영혼을 느낀다.

7. 손을 뒤집어서 손바닥이 아래를 향하게 한 후 상체를 든다. 무릎을 꿇고 손을 가슴 앞에 합장한 후 다시 일어선다.

창조의 목소리, 자기 선언

다음으로 소개하고 싶은 휴먼 테크놀로지의 또 다른 수련법은 '자기 선언' 즉 '창조의 목소리'이다. 선언은 설명이나 묘사와는 다르다. 비유나 상황에 얽매이지 않는다. 선언은 순수한 선택이다. 우리의 선언은 지금 바로 이 순간의 우리의 상태를 보여준다. 그 어떤 변명이나 정당화도 필요 없다.

자기 선언은 창조의 목소리이기 때문에 이 수련법은 열정적인 인생의 목적을 표현하는 가장 강력한 방법에 속한다. 스스로에게 선언함으로써 무無에서 새로운 가능성을 창조한다. 영혼의 목소리에 귀 기울이기 시작하면 생각이나 감정은 어느새 우리의 관심사에서 멀어지고 우리는 공空의 공간으로 여행을 시작한다. 공空으로 가득 찬 그곳에서 우리는 온 우주에 우리 자신을 선언하게 된다.

각자 어떤 식으로 선언할지 결정한 후 그 내용을 적어보자. 그리고 몇 번이고 소리 내어 읽어 보자. 산의 정상에 올라 큰 소리로 읽든가 높은 빌딩의 옥상에서 읽어 보자. 든든한 친구나 지혜로운 조언을 아끼지 않는 정신적 조언자에게 그 내용을 이야기해 주라. 진심을 담아 성실한 태도로 끊임없이 스스로에게 선언하라. 당신의 선언은 곧 진실이 될 것이다.

성품은 창조하는 것이다

지금까지 나는 인생의 목적을 세우는 것이 휴먼 테크놀로지의 핵심 사상이라고 강조했다. 나는 인생의 목적이란 깨달음을 얻고 영혼의 목소리에 귀 기울이면서, 끊임없는 선택을 통해 실현하는 것이라고 말했다. 나는 영혼의 자각에 도달해 열정을 가지고 인생의 목적을 성취해 나가는 과정이야말로 영적인 삶의 핵심이라고 본다.

우리는 영혼의 목소리를 느끼고 들을 수는 있지만 눈으로 볼 수는 없다. 다만 우리가 알 수 있는 것은 과연 우리가 영혼의 성장을 위해 살고 있느냐 하는 것이다. 만약 영혼의 성장을 남에게 보여줄 수 있는 표식이 있다면 바로 우리의 성품일 것이다. 다른 사람에게 우리의 영혼을 보여줄 수는 없지만 대신 성품을 통해 영혼의 성장 정도를 가늠해 볼 수 있다.

우리는 소모적인 세상과 다양한 인간관계 속에서 선택을 한다. 그리고 그 선택의 결과에 따라 행동하며 이 행동으로 평가를 받는다. 행동으로 받은 평가를 바탕으로 우리는 스스로를 되돌아 볼 수 있다. 자신의 행동을 반추해 보고 새로운 선택을 하게 되는 것이다. 이렇게 선택하고 행동하며 반추하는 과정을 통해 우리의 선택, 행동 그리고 습관은 발전해 간다. 이 과정 속에서 고난도 겪고 좌절도 하게 마련이다. 하지만 그러한 어려움 속에서도 끊임없이 성실한 자세로 인생을 고민하다 보면 좀더 자신을 성찰할 수 있을 것이다.

이런 의미에서 영적 자아를 찾기 위해서는 외부와의 교류를 멈추지 말아야 한다. 수많은 인간관계와 공동체 활동은 우리의 정신을 성장시킬 수 있는 최상의 조건을 만들어 주기 때문이다. 어떤 상황에서든 우리가 만나고 일과 놀이를 함께 하는 사람들은 우리를 성장시킬 수 있는 동반자들이다. 우리처럼 그들도 내면의 목소리를 지니고 있다. 우리가 교류하는 모든 사람들도 인생의 무상함을 깨닫고 있다. 우리처럼 그 사람들도 각자 삶의 의미를 찾기 위해 몸부림치고 있으며 그러한 경험을 통해 조금씩 성장하고 있다. 우리는 동반자이며 함께 어울려야 한다고 선언함으로써 우리 모두는 깨달음을 바탕으로 맺어진 공동체임을 인식하게 된다.

선택이 끝날 때 우리는 목적지에 도착한다

우리 모두는 내부에 변하지 않는 무엇인가를 가지고 있다. 이것은 인생의 희로애락이 왔다가 사라지는 그 순간에도 꾸준하게 자리를 지키고 있다. 우리 의식의 한 가운데에는 어떤 존재가 있어서 가만히 우리를 바라만 보고 있다. 우리가 절망에 빠져 허우적대면 그 존재는 포기하지 말라며 힘을 주고 "모든 일이 잘 될 거야."라며 희망을 불어넣어 준다. 그 존재는 바로 영혼이다. 그 영혼이 우리에게 희망을 불어넣어 준다 하더라도 한 가지 의문은 사라지지 않는다. "내가 진정한 인생의 목적을 찾았는지 어떻게 알 수 있지?"라는 의문 말이다.

앞에서 내가 선택에 대해 설명한 것을 기억할 것이다. 나는 영혼의 소리를 듣고, 명상 수련을 하고 끊임없이 자기 선언을 반복하고 가족과 친구 그리고 직장 동료들을 인생의 목적을 창조하는 동반자로서 의지하기 위해서는 계속해서 선택해야 한다고 강조한 바 있다. 매일 매순간마다 우리는 선택한다. 어떤 경우에는 선택으로 힘을 얻을 수 있지만 어떤 경우에는 잘못된 선택을 하기도 한다. 하지만 우리는 선택을 멈출 수 없다. 선택을 하지 않겠다는 것조차도 선택이기 때문이다.

선택을 통해 우리는 덧없는 세상의 실체를 더 똑똑히 볼 수 있다. 이 사실을 이해하고 나면 인생의 목적을 향해 우리가 발전하는지 걱정하느라 괴로워할 필요가 없다. 그렇다면 우리가 마침내 목적에 도달했다는 사실을 어떻게 알 수 있을까?

영혼이 알려주는 인생의 목적은 선택이 사라지는 순간에 실현할 수 있다. 완전한 열정으로 각자의 목적을 추구할 때 선택의 상황은 끝이 난다. 목적과 내가 완전히 하나가 될 때 선택하려는 마음은 더 이상 끼어들 자리가 없다. 우리의 두 눈은 열정으로 환하게 빛나고 발걸음은 너무나 가벼워서 그 어떤 장애물도 가볍게 뛰어넘을 수 있다. 그리고 이 세상을 떠나는 순간 얼굴에 환한 미소를 지으며 이 세상에서의 마지막 숨을 편히 내쉴 수 있다. 열정을 가지고 영혼의 목적을 추구하는 삶을 살아가다 보면 우리는 생각지도 못한 보물을 발견하게 될 것이다.

영혼의 여행을 계속하면 도저히 분리할 수 없는 사랑과 조화로움의 근원을 만난다. 이 근원은 다른 것들과 마찬가지로 우리 내부에 존재하고 있음을 알게 될 것이다. 우리 자신, 타인 그리고 지구에 대한 연민은 바로 이러한 깨달음에서 흘러 나온다. 그리고 그 깨달음에서 치유가 시작된다.

영혼을 향한 여행

그렇다면 나의 경우는 내 영혼을 찾기 위해 어떤 여행을 했을까, 여러분도 궁금할 것이다.

나는 어린 시절부터 끊임없이 "왜?"라는 질문에 매달렸다. 학창시절에는 이 질문 때문에 학업에도 제대로 매진할 수 없을 정도였다. 그 질문은 20대 후반이 될 때까지 나를 따라 다녔다. 결혼을 하고 두 아이를 낳은 뒤에도 이 질문에 대해 명확한 해답을 얻을 수 없었다. 매일 열심히 살았지만 왜 내가 여기 있어야 하는지, 무엇을 위해 살아야 하는지 해답은 어디에도 없었다.

그 날도 여느 날과 다름없이 힘든 하루를 마치고 퇴근을 했다. 가족과 저녁을 함께한 뒤 잠자리에 들자 긴 한숨이 흘러나왔다. 왜 사는지를 모르고 살려니 한숨이 나올 수밖에…. 그때껏 삶의 의미에 대한 의문을 안고 살아온 나는 더 이상 이런 상태로는 살 수 없다는 데까지 생각이 미쳤다. 그리고 그때 비로소 영적인 수련을 통해 해답을 구하기로 결심했다.

오랜 시간 동안 심사숙고한 끝에 수련을 하기 위해 산으로 향했다. 평생 동안 찾아 헤맨 그 해답을 구하기 전에는 절대로 산을 내려오지 않겠노라고 마음속으로 다짐하면서 말이다. 그리고 그로부터 21일 동안 자지도 먹지도 않은 채 해답을 구하기 위해 죽음의 경계까지 나 자신을 몰아갔다. 그 여행이 드디어 목적지에 도달한 순간, 나의 내면에서 어떤 목소리가 또렷하게 들려왔다. "내 기운은 천지기운이며, 내 마음은 천지마음이다."

그 순간 나는 내 인생이 활짝 만개하는 기분을 느꼈다. 그 순간 나야말로 내 생명의 현상 그 자체임을 자각한 것이다. 무한한 생명이 나를 통해 그 실체를 드러내고 있음을 깨달은 것이다. 나는 내부로 흘러 들어오는 신성한 생명의 호흡을 감지했다. 그 신성과 하나가 되어, 나는 축복을 느꼈고 새롭게 세상을 창조하는 데 도움을 줄 수 있는 사람으로 다시 태어났다. 나는 위대한 사랑과 평화 그리고 치유된 마음이 내 심장으로부터 온 세상으로 흘러 넘치는 것을 경험했다.

그러자 한 가지 의문이 떠올랐다. 그 깨달음이 이토록 진실되고 생생하지만 진정한 깨달음이라는 것을 어떻게 확신할 수 있을까? 이 깨달음이 현실일까? 아니면 이것 또한 한낮 환상일 뿐일까? 이 깨달음이 진짜라는 것을 누가 어떻게 증명할 수 있단 말인가?

나는 스스로 깨달음의 진위를 증명하고 확인할 필요를 느꼈다. 나는 수련을 통해 나의 깨달음을 세상에도 전할 수 있다면 그것이 바로 깨달음이 증명된 것이라 생각했다.

내 깨달음이 진짜라면 내가 그 순간에 경험한 사랑과 평화를 남들에게도 전할 수 있으리라 생각했다. 만약 그렇게 할 수 없다면 깨달음의 경험은 나의 환상에 불과한 것이리라. 모두와 함께할 수 없는 깨달음이란 깨달음이 아니다. 창조의 힘을 발휘하지 못하는 깨달음 또한 깨달음이 아니다. 이것이 내가 스스로 내린 깨달음의 정의이며, 기준이다. 가능한 많은 사람들에게 깨달음을 전하면서 그 깨달음을 더욱 완전하게 만들어가는 것. 그것이 바로 내가 깨달은 내 인생의 목적이다.

나는 인생의 목적을 실현하기 위해 단학과 뇌호흡이라는 심신 단련 프로그램을 창안해 발전시켰다. 이 프로그램은 사람들이 몸과 뇌를 통해 깨달음을 얻을 수 있도록 도와주는 데 그 목적이 있다. 내 일생을 바쳐온 평화의 교육을 통해 모든 사람이 건강과 평화를 접하지 못한다면 개인의 건강과 평화 또한 진정으로 이루기 힘들다.

지금으로부터 30년 전 내가 이러한 깨달음에 도달했을 때 나는 모든 해답을 얻었다고 생각했다. 그러나 깨달음은 끝이 아니라 시작일 뿐이라는 사실을 곧 깨달았다. 진정으로 중요한 것은 아는 것이 아니라 행하는 것이다. 우리가 아무리 대단한 깨우침을 얻었다 한들 실천에 옮기지 않으면 아무 소용이 없다. 사람들은 "우리는 스스로의 선택에 의해 존재한다."라고 말한다. 나는 이러한 진리를 조금 더 발전시키고 싶다. "우리는 스스로 행동함으로써 존재한다." 행동하지 않으면 창조도 없다. 나의 깨달음은 내 인생의 목적을 조금씩 실현하는 과정에서 더욱 더 단단하고 강해졌다.

인생의 목적을 찾기 위한 나의 선택은 바로 30년 전에 끝이 났다. 그때 나는 여행의 끝에 도달했다고 느꼈다. 그러나 그 이후로 나는 "내가 누구인가?"라고 묻지 않는 대신 새로운 물음을 천착하기 시작했다. "인생의 목적을 달성하기 위해 무엇을 해야 할 것인가?"를 말이다. 그리고 내 인생의 목적을 현실에 적용하기 위해 무엇을 해야 하는가? 나는 끊임없이 자문하며 더 나은 방법을 모색하고 있다. 그리고 끊임없이 선택하고 있다.

반추하고 깨닫고 선택하면서 우리는 진정한 자신으로 존재할 수 있다. 하지만 이것이 전부가 아니다. 자신이 선택한 인생의 목적을 실현하기 위해 우리는 또다시 선택해야 한다. 하지만 깨달음 이후의 선택은 이전의 선택과는 완전히 다르다. 이제부터의 선택은 길을 찾기 위함이 아니라 각자가 찾은 길의 문을 활짝 열기 위한 선택이다.

11

뇌가 핵심이다

우리의 뇌 기능을 최상의 상태로 만들어라
자신의 뇌를 잘 사용하면 더욱 창조적이고 생산적이며
평화로운 생활을 영위해 나갈 수 있다.
휴먼 테크놀로지에 담겨 있는 모든 것은 궁극적으로
뇌를 더욱 아끼고 그 기능을 개선하는 방법이다.

HUMAN TECHNOLOGY

　우리는 살아가면서 종종 건강, 섹스 그리고 인생의 목적에 대해 생각한다. 하지만 뇌에 대해 생각하는 사람들은 별로 없다. 자신의 뇌에 대해 자주 생각하지도 않지만, 생각한다 하더라도 그렇게 많이 하지도 않는다. 우리 중에는 우리 뇌의 진정한 본성을 제대로 이해하고 있는 사람이 드물며 그것은 곧 자신의 가치를 제대로 알고 있는 사람이 드물다는 말이기도 하다.

　이제 휴먼 테크놀로지의 핵심이라고 할 수 있는 뇌에 대해 이야기해 보자. 나는 휴먼 테크놀로지가 삶의 질을 향상하고 전문가에 과도하게 의존하고 있는 상황을 멈추고 모두가 자립할 수 있도록 도와주는 원칙이자 실천방법이라고 설명한 바 있다. 이러한 목표는 뇌를 통해 달성할 수 있다. 뇌 없이 할 수 있는 일은 아무것도 없다.

　이 책에서 소개하는 휴먼 테크놀로지를 제대로 이해하고 그 실천방법들을 익히기 위해서는 반드시 뇌가 필요하다. 우리의 뇌 기능을 최상의 상태로 만드는 것은 바로 휴먼 테크놀로지의 모든 실천방법들을 하나로 조화롭게 엮어내는 것과 같다. 만약 자신의 뇌를 잘 사용하면 더욱 창조적이고 생산적이며 평화로운 삶을 영위해 나갈 수 있을 것이다.

휴먼 테크놀로지에 담겨 있는 모든 것은 궁극적으로 뇌를 더욱 아끼고 그 기능을 개선하는 방법이라 할 수 있다. 나는 뇌야말로 인간이 학습하고 더욱 성장하기 위한 필수조건이라고 믿는다. 지금부터 우리 모두 알아 두어야 할 뇌 진화의 역사에 관한 기본적인 사실들을 살펴보자.

진화하는 뇌

뇌는 모든 핵심 장기에 필요한 활동을 지시한다. 뇌는 우리 몸의 기능과 행동 그리고 주변 환경과의 상호교류를 위해 필요한 정보를 처리한다. 뇌는 그 무게가 겨우 1.36kg밖에 안 되지만 우리 몸에서 순환하는 혈액의 20%를 사용한다. 과학자들은, 인간의 뇌가 이 우주에서 알려진 가장 복잡한 피조물이라고 한다. 우리의 뇌는 이 지구상에 살고 있는 다른 모든 생명체와 사람을 구분 짓는 요소다.

뇌는 수조兆 개에 달하는 신경과 다양한 구조로 이루어진 복잡한 구조이지만 지구상의 모든 생명체가 진화의 역사에 맞물려 있으므로 뇌도 진화의 관점에서 바라보면 훨씬 이해하기가 쉽다.

뇌는 크게 세 부분으로 이루어져 있으며 각 부분은 진화 단계가

다 다르다. 이 세 부분은 뇌간, 변연계 및 신피질로 각각의 진화 단계는 파충류, 초기 포유류 및 후기 포유류와 연결되어 있다.

뇌간은 기초적인 생명 유지에 필요한 자율 신경계를 관장한다. 심장 박동, 호흡, 흥분과 의식 같은 부분들이 여기에 속한다. 이러한 활동은 생명을 유지하기 위해 필수적이다. 만약 뇌간이 손상을 입으면 우리는 그 자리에서 즉사하고 만다.

변연계에는 감정을 일으키는 여러 부분이 모여 있다. 이 감정계들은 우리의 생존을 위해 접근이나 회피와 같은 행동을 조건화하는 역

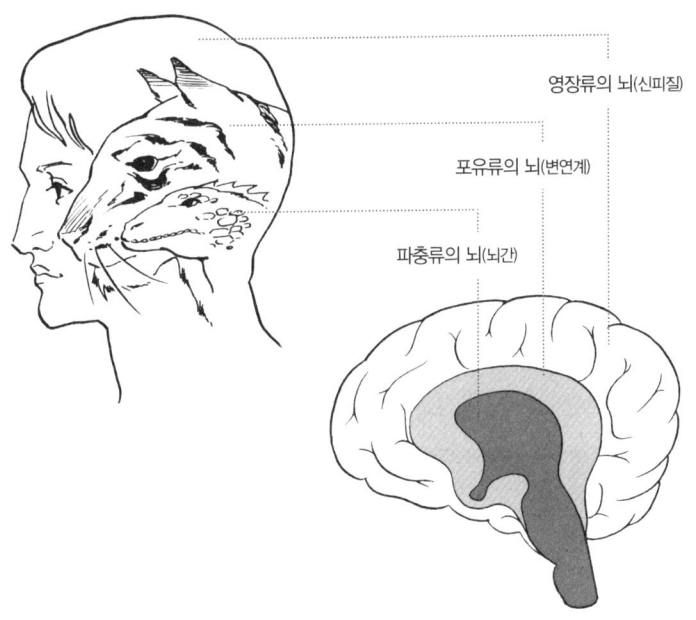

[뇌를 이루는 세 가지 층]

할을 한다. 이를테면 포유류는 잠재적으로 목숨을 위협하는 상황에 처하면 공포를 느껴 도망침으로써 목숨을 보전할 수 있는 조건을 만든다. 가지고 싶은 것이 생기면 분노를 드러내 경쟁자를 겁주어 쫓아내는 조건을 만들기도 한다.

신피질은 뇌에서 가장 나중에 발달한 부분이다. 놀랍도록 빠르게 확장된 신피질 때문에 현생 인류는 자신의 조상들과 확연히 차이가 나게 되었다.

대체적으로 신피질은 이성적 사고, 계획성 및 창조력 등 그 이전의 지구 생명체에서는 볼 수 없었던 새로운 능력을 인간에게 부여했다. 다시 말해 인간을 '생각하는 지성'으로 만들어 준 것이 바로 신피질이다.

그렇지만 신피질을 인간이라는 특성을 구성하는 핵심 요소로 착각하면 안 된다. 감정은 우리의 인간관계, 의사결정 과정과 인생의 목적에 깊은 영향을 미친다. 그리고 그 결과는 긍정적일 수도 부정적일 수도 있다. 스스로의 감정을 인정하고 적절하게 조절할 수 있는 방법을 터득하는 것이야말로 중요한 인생의 과제이지만 그 중요성을 제대로 이해하는 사람은 드물다.

나는 이제까지 영적인 수련을 통해 뇌간과 더 진화한 뇌의 구조 사이의 직접적인 의사소통이 궁극적인 뇌의 힘이라는 사실을 깨닫게 되었다. 이것을 명심해야 한다. 뇌간은 무의식과 자율 신경계를 다스린다.

나는 의식이 고도로 집중된 상태에서 신피질과 변연계의 활동이 최소화되면 뇌간이 활성화된다고 생각한다. 이 상태에서 자신의 뇌와 하나가 될 수 있으며 깨달음을 통해 무한한 창조력을 획득할 수 있다. 진정한 창조력은 신피질에 축적되어 있는 지식에서 나오는 것이 아니다. 진정한 창조력은 뇌간 안에 웅크리고 있는 근본적인 삶의 힘과 변연계의 감각 그리고 신피질이 하나로 통합되었을 때 무의식의 세계에서 분출되는 것이다. 이러한 구조를 잘 이해하고 조절함으로써 우리는 진정한 자기 삶의 주인이 될 수 있다.

휴먼 테크놀로지와 뇌

우리는 이제까지 각자가 지닌 뇌의 힘을 경시해 왔다. 건강, 감정과 경험, 육체적 활동, 동기와 목적은 모두 뇌의 활동에 기반을 두고 있다. 각자가 뇌의 힘을 실현시키는 데 도움을 주기위해 휴먼 테크놀로지의 구체적인 실천방법들이 만들어진 것이다. 휴먼 테크놀로지는 우리 몸을 자극하고 경락을 활짝 열리게 하며, 쓸데없는 선입견이나 감정적인 기억들을 날려버리고 인생의 목적을 찾아 떠나도록 깨달음을 주고자 만들어진 것이다. 특히 앞으로 11, 12, 13장에서 설명할 뇌호흡을 잘 이해하면 뇌의 모든 부분의 의사소통을 원활히 하고 기능을 통합시키는 데 큰 도움이 될 것이다.

인간의 삶은 각자의 뇌를 더 잘 사용할 때 더욱 향상될 수 있다. 이제부터라도 뇌를 최대한 아껴라. 뇌의 기능과 뇌를 건강하게 유지하는 법을 배워 두라. 머리에 있는 주요한 지압점을 알아 두고 틈날 때마다 지압으로 자극하라. 우리의 뇌를 더 잘 이해하고 아낌으로써 각자의 인생의 주인이 될 수 있는 자신감과 능력을 얻을 수 있을 것이다.

12

뇌 감각 깨우기와 뇌 유연하게 하기

습관보다 변화가 더 쉬워지도록 뇌를 단련하라
당신의 뇌가 유연해지면 나쁜 생각을 머리 속에서 지워버릴 수 있다.
전에는 한 번도 하지 못한 생각을 뇌가 하기 시작하면
당신은 이전에는 한 번도 하지 않았던 일을 하게 되고,
그 결과 전에는 결코 되어 보지 못한 상태가 될 수 있다.

HUMAN TECHNOLOGY

나는 사람들이 자신의 삶을 스스로 컨트롤할 수 있도록 뇌호흡Brain Respiration을 고안했다. 뇌호흡은 다양한 육체적, 감정적 및 정신적 수련으로 이루어져 있으며 총 5단계로 구성되어 있다. 뇌 감각 깨우기, 뇌 유연하게 하기, 뇌 정화하기, 뇌 통합하기 그리고 뇌 주인 되기이다. 각 단계마다 핵심 원칙과 수련법이 정해져 있으며 이번 장에서는 그에 대한 내용을 간단하게 설명한다. 더 자세한 내용을 알고 싶은 사람은 필자의 다른 저서 〈뇌호흡〉을 참고하거나 웹사이트 www.br.co.kr을 방문하기를 권한다.

뇌 감각 깨우기

스스로 삶을 컨트롤하려면 일정 수준의 감각부터 획득해야 한다. 붉은색과 푸른색의 차이점을 말할 수 없는 화가를 한번 상상해 보라. 만약 우리가 어떤 노력을 기울여 더 진보하고자 한다면 반드시 깨어 있어야 하며 통찰력을 지니고 있어야 한다.

수많은 심신 수련법의 지도자들이 몸과 감정, 그리고 영혼의 목소리까지 느낄 수 있을 정도로 감각을 회복하는 수련법을 알려왔다. 이 책에서 내가 이야기하고자 하는 것은 그런 방법들과는 또 다른 도전이라고 할 수 있다. 그것은 바로 뇌에 대한 감각을 깨우는 것이다. 과학자들은 뇌에는 아무런 감각 수용기가 없기 때문에 뇌는 감각이 없다고 말한다. 이 책의 목적은 과학자들이 실험실에서 밝혀낸 사실을 뒤집으려는 것이 아니다. 진정한 목적은 내가 개인적인 경험을 통해 깨달은 이치를 많은 사람들과 함께 나누고자 함이다.

먼저 우리가 다양한 감정이나 행동을 경험할 때 뇌의 느낌이 어떻게 달라지는지부터 알아야 한다. 뇌를 관찰하기 위해서는 수련과 엄청난 집중력이 필요하다. 왜냐하면 감정을 경험하면서 그 순간 뇌의 느낌을 느껴야 하는 두 가지 작업을 동시에 진행해야 하기 때문이다. 나는 감정이 몸으로 드러나기 전에 뇌에서 먼저 느낄 수 있다고 본다.

신경 과학자들은 감정은 전적으로 인체의 변화를 통해 드러난다고 한다. 공포를 느끼면 심장 박동이 빨라지고, 얼굴 근육이 움직이면 진짜 미소가 나타나는 것이 그 예이다. 하지만 나는 그 내용에 이의를 제기한다.

앞으로 열흘 동안 실험을 해 보자. 이제부터 기쁨, 분노 또는 슬픔과 같이 확연히 구분되는 감정을 느낄 때마다 잠시 뇌에 온 정신을 집중해 보자. 실제로 지금 느끼고 있는 감정들과 매우 밀접하게 관련되어 있는 그 어떤 현상을 뇌에서 느끼더라도 놀랄 필요는 없다. 그리고 자신이 발견한 내용을 기록해 두도록 하자.

가령, 기쁨을 경험한다고 하면 뇌가 가벼워지는 느낌이 있다. 혹은 분노를 느끼면 뇌가 뜨거워짐을 느낀다. 슬프면 뇌가 무거워짐을 느낀다. 그러면서 심장 박동, 체온, 호흡과 같은 신체의 신호들이 나타나기 시작한다. 즉, 감정 상태에 따라 신체적인 신호들이 발생하는 것이다. 이 과정에 적응이 되면 그 순간을 변화시킬 수 있다.

순간을 바꿀 수 있다면 인생 전체를 바꿀 수 있다! 이것은 결코 어렵지 않다.

어떤 감정과 연결되어 있는 뇌의 감각의 변화에 집중하면 머지않아 주어진 상황에서 일어나는 감정적인 반응 패턴을 알 수 있다. 이 과정을 잘 이해하면 경험하고 싶지 않은 감정이 시작되려고 할 때 의도적으로 신경을 끌 수 있다!

뇌를 느끼는 방법을 배워서 뇌의 느낌에 따라 나머지 신체가 어떻게 반응하는지 관찰할 수 있다면 어떤 감정을 느낄지 미리 예측할 수도 있을 것이다. 그러면 원치 않는 감정이 다가올 때 뇌에게 그 과정을 멈추라고 말 그대로 지시할 수 있다.

신체 반응 관찰하기

우리는 매일 억수같이 쏟아져 내리는 정보의 홍수에서 살고 있다. 수많은 정보들은 우리 의식에 흡수되기 위해 마치 아이들이 수업 시간에 선생님의 관심을 끌려고 손을 드는 것처럼 무한 경쟁을 벌이고 있다.

우리 의식이 선택한 정보는 정해진 과정을 거쳐 현실이 된다. 대부분 이 과정은 자동적으로 이루어진다. 바로 당신의 뇌가 무엇을 보고 무엇을 받아들일지 결정하는 것이다. 하지만 정작 뇌의 주인인 당신은 이런 과정이 일어나도 전혀 인식하지 못한다.

만약 당신이 의식적으로 이 과정을 제어할 수 있다면 자신의 인생을 더 잘 이끌어 나갈 수 있을 것이다. 이것은 가정이 아니라 바로 현실이다.

뇌 감각 깨우기를 통해 당신은 내면의 자아를 더 깊이 들여다 볼 수 있는 능력을 발전시킬 수 있다. 먼저 의식에 뿌리 깊게 박혀 있는 사고와 감정 그리고 선입견들을 바탕으로 진행되는 전 과정을 관찰하는 것부터 시작한다. 그러면 어떤 자극에 대해 몸이 어떻게 반응하는지 알게 될 것이다. 그리고 습관처럼 빠져드는 감정의 덫과 의식을 옭아매고 있는 사슬에 대해서도 알게 될 것이다.

이것이 바로 치유 과정의 시작이다. 치유 과정은 당신이 스스로를 치유해야 한다는 사실을 깨닫는 순간에 비로소 시작된다. 몸과 감정과 의식이 지금 겪고 있는 불편함에 대해서 눈을 뜨는 순간에 비로소 변화가 시작된다.

뇌 감각 깨우기 수련을 처음 시작하고 얼마 동안은 미미한 변화밖에 감지할 수 없을 것이다. 그러나 수련을 거듭하여 변화를 자꾸 경험하다 보면 어느새 삶의 모든 부분이 근본적으로 변화하고 있음을 깨닫게 될 것이다.

먼저 뇌를 느끼기 위해 모든 감각을 자극하고 일깨워야 한다. 뇌가 인체의 모든 부분과 상호작용을 하고 있기 때문에 몸의 모든 부분이 느끼는 감정과 움직임 또한 그 감각이 뇌로 전달된다. 도인체조, 지감수련 등을 통해 뇌 감각 깨우기 수련을 할 수 있다. 이 수련을 통해 긴장을 완화하고 근육을 이완하며 마음을 평온하게 만들 수 있다. 그 결과 온몸을 흐르는 미세한 기의 흐름을 느낄 수 있다.

뇌 감각 깨우기는 일상생활에서 자신을 더욱 잘 인식하도록 도와준다. 이것이 우리 삶의 주인이 되기 위한 첫걸음이다.

뇌 감각 깨우기 수련

뇌 감각 깨우기 수련은 손 안에 있는 기를 이용해 자신의 뇌를 느끼는 것이다. 인체에서 손이 기의 흐름에 가장 예민하기 때문에 초심자들도 쉽게 손 사이에 흐르는 기를 느낄 수 있다. 그리고 계속 양손의 느낌에 집중하면서 얼굴과 머리를 마사지하면 기의 떨림이 전달되는 것을 느낄 수 있을 것이다. 이 때 양손과 얼굴, 머리는 밀착시키기보다는 5cm 정도 거리를 두는 것이 좋다.

뇌의 기가 떨리는 느낌은 어떨까? 사람마다 느낌은 다 다르지만 4장에서 알아본 지감 수련을 할 때 느끼는 감각과 거의 흡사하다. 따끔거리는 느낌, 얼얼하면서 톡톡 쏘는 듯한 감각 등을 느끼게 된다. 아무리 이 느낌이 약하고 미세하더라도 일단 온 정신을 집중해서 그 느낌이 점점 증폭되도록 한다.

1. 의자에 앉아 있다면 손을 허벅지에 가볍게 올려 놓는다. 바닥에 반가부좌를 하고 앉아 있다면 가볍게 무릎 위에 손을 내려 놓는다. 오른손을 들고 손바닥이 얼굴의 오른쪽을 향하게 한다. 얼굴과 손 사이는 3~5cm의 간격을 유지한다.

2. 손에 느끼지는 기감에 집중한다. 손과 얼굴의 간격을 그대로 유지한 채, 천천히 섬세하게 얼굴을 훑듯이 내려온다. 손을 이마까지 들어 올린 후 머리 형태를 따라 목까지 내려 온다. 손으로 얼굴의 오른쪽 주위에 원을 그리면서 손에서 나오는 기를 느낀다. 그 기를 느끼면 손을 천천히 내린다.
3. 손을 바꾸어 이번에는 왼손으로 2번과 3번의 동작을 반복한다. 얼굴 왼쪽의 기를 느끼면 천천히 왼손을 내린다.
4. 이제 양손을 들어 얼굴 양쪽과 머리의 기를 동시에 느낀다.
5. 손이 따뜻해질 때까지 비빈 후 얼굴, 목과 머리를 부드럽게 마사지한다.

뇌 유연하게 하기

뇌호흡의 두 번째 단계는 뇌 유연하게 하기다. 이 과정은 뇌를 더욱 유연하게 만들 수 있는 지름길이라고 할 수 있다. 즉, 뇌가 유연해지면 우리는 새로운 아이디어나 해결책을 모색하고 이전에는 생각해 내지 못했던 다양한 생각을 할 수 있는 준비를 갖춘다.

요즘말로 하자면 틀을 깨는 사고라고 할 수 있다. 사고가 유연해지면 사물에 대한 선입견으로 점철된 틀에서 빠져 나와 모든 것을 변화시킬 수 있는 새로운 사고를 접하게 된다.

가끔 생각지도 못한 상황에서 이런 상태를 경험할 수 있다. 이를테면 익숙한 물건이나 상황을 전혀 새로운 각도로 바라보게 되는 순간 말이다. 아니면 오랫동안 어떤 문제를 고민하다가 갑자기 매우 창의적인 해결책을 생각해 내는 순간도 한 예가 될 수 있다.

이러한 상황은 뇌의 신경 회로 안에 내재되어 있는 유연성에서 기인한다. 뇌 유연하게 하기는 우리의 뇌에게 새로운 정보를 얻는 통로를 열어 주고 새로운 경험과 상황에 더욱 잘 적응하도록 하는 데 그 목적이 있다.

선입견의 근원

우리는 선입견 때문에 유연하게 사고하지 못한다. 선입견을 가지는 것은 어찌 보면 당연하다. 왜냐하면 우리는 그것에 너무나 익숙해져 있기 때문이다. 우리도 모르게 선입견은 무의식적으로 발생하기 때문에 선입견을 가지는 것은 너무나 자연스럽다. 사람들은 모두 각자의 독특한 시각으로 사물을 바라본다. 우리가 관찰하는 모든 것에 특정 색을 입히는 선입견을 잔뜩 지니고 있기 때문이다. 선입견을 가지고 있다는 것조차도 알지 못한다. 설령 안다 하더라도 이 선입견이 우리 뇌에 각인시켜 놓은 지적이고 감정적인 패턴에서 벗어나기란 여간 어렵지 않다. 그래서 우리는 새로운 시각이나 의견을 받아들이는 일에 너무나 인색하다.

우리의 선입견은 개인적인 경험과 우리가 성장한 사회, 경제, 문화 환경을 바탕으로 형성되었다. 그래서 개인이 문화적 선입견을 타파하기는 더욱 어렵다. 성공한다 하더라도 새로 깨달은 이념적 자유를 행동으로 실천에 옮기기는 더욱 어려울 것이다. 그러므로 선입견을 타파하기 위해서는 뛰어난 판단력과 용기 그리고 책임감이 반드시 수반되어야 한다.

우리는 살면서 거의 모든 것에 선입견을 지니고 있다. 자기 정체성, 성 역할, 일반 예절, 적절함에 대한 개념, 소유권에 대한 개념, 돈에 대한 생각, 사랑에 대한 환상, 성공에 대한 정의 등 선입견이 개입하지 않는 것은 없다.

만약 당신이 스스로의 뇌를 '유연화' 할 수 있다면 당신은 이제까지와는 다른 방식으로 앞에서 열거한 것들을 바라보며 창조력을 키워 나갈 수 있을 것이다. 뇌가 개방적이고 유연해지면 아무리 사소한 상황에서도 독창성과 신선함을 발견할 수 있을 것이다. 그러면 가장 창의적인 해결책을 생각해 낼 수 있을 것이며 인생은 더욱 풍요로워질 것이다.

사물을 다른 각도로 보게 되면 더 큰 마음의 여유와 이해력을 얻을 수 있다. 그렇게 되면 타인의 관점에서 상황을 보려고 노력하며 타인의 생각을 더 잘 이해하게 된다. 그 결과 더욱 원활하고 조화로운 인간관계를 맺을 수 있다.

저항의 끝

뇌가 새로운 정보나 관점을 받아들이지 않으면 인간은 더 이상 새로운 정보를 받아들일 수 없다. 여러 과정이 제때에 실행되지 않으면 전체 시스템이 완전히 멈춰 버린다.

이 세상에서 살아남기 위해서 사람들은 끊임없이 더 큰 목표에 자신을 맞추어 가야 한다. 그것이 새로운 컴퓨터 기술이든 제도이든 말이다. 우리의 세계는 점점 더 빠른 속도로 변화하고 있다. 그러므로 우리는 계속해서 새로운 것을 배워야 하고 새로운 환경에 자신을 맞추어 나가야 한다.

매일같이 새로운 도전을 받으면 인생은 신날지도 모르지만 끊임없는 도전은 스트레스의 원인이 되기도 한다. 새로운 환경에 잘 적응하기 위해서는 우리의 뇌를 유연하게 만들어야 한다. 개방적이고 유연한 마음가짐을 하고 있다면 고집을 부릴 이유가 없으니 변화는 매일같이 일어나는 자연스러운 일상이 될 것이다. 새로운 변화에 적응하는 것이 도전, 즐거움 그리고 인생을 긍정하는 경험이 되는 것이다.

결국 뇌가 유연해지면 우리에게는 다양한 과제를 동시에 수행할 수 있는 능력이 생긴다. 우리의 뇌는 기꺼이 새로운 정보를 처리하기 시작한다. 동시에 여러 문제에 직면하더라도 인식의 창 사이를 자유롭게 옮겨 다니며 문제를 해결할 능력을 키웠기 때문이다. 우리가 살고 있는 세계가 끊임없이 변화한다는 점을 감안할 때 이러한 기술은 매우 중요하다.

한계 뛰어넘기

나는 이제껏 나이에 상관없이 수많은 사람들에게 마음, 사고, 육체와 여러 사물에 대한 관념이 규정하고 있는 한계를 뛰어 넘으라고 격려해 왔다. 내가 말한 한계에는 자기 자신과 "나는 할 수 없다"는 체념도 포함된다.

비관적인 생각은 진정한 당신과는 아무런 관계도 없다. 그것은 당신이 아니며 당신의 본질과는 아무런 상관이 없다. 그것은 단지 이런 저런 잡념에 불과하다. 사고는 매우 타성적인 속성을 지니고 있음을 잊어서는 안 된다. 생각은 물리적인 현상으로 현실이 되기 전에는 결코 현실이 아니다. 한 가지 확실한 것은 방법만 알면 머리 속에 파고드는 쓸데없는 생각을 머리에서 몰아낼 수 있다. 당신은 그 생각을 훌훌 털어버리고 벗어날 수 있다. 그러면 그 생각의 실체를 똑똑히 볼 수 있을 것이다. 속이 빈 허상에 불과하다는 것을 말이다. 당신에게 한계를 규정하는 생각은 결코 좋은 생각이 아니다! 나쁜 결과만을 초래할 뿐이다. 그러므로 당신은 그 생각을 지워버려야 한다.

당신의 뇌가 유연해지면 나쁜 생각을 머리 속에서 지워버릴 수 있다. 이전에는 한 번도 하지 못한 생각을 뇌가 하기 시작하면 당신은 이전에는 한 번도 하지 않았던 일을 하게 되고, 그 결과 이전에는 결코 되어보지 못한 상태가 될 수 있다. 당신은 용감하고 과감하며 유능하고 활력에 넘치고 자신만만하며 결과적으로 인생의 주인이 된 자신과 마주하게 될 것이다. 이것이 바로 휴먼 테크놀로지의 목적이다.

뇌 유연화 수련

뇌는 손가락을 구부리는 것에서부터 살짝 미소 짓는 것까지 인간이 의식적으로 하는 모든 동작을 제어한다. 각각의 동작은 특정한 뇌의 부위와 상호연관을 맺고 있다. 뇌는 부위별로 연결되어 있는 특정한 신체 부위에 자극을 보낸다.

우리는 일상에서 여러 가지 동작과 운동을 한다. 헬스클럽에서 운동을 할 때조차도 같은 동작을 여러 번 반복한다. 이것은 우리가 뇌의 특정 부위를 반복적으로 자극하는 것을 의미한다. 자주 사용하는 뇌의 부위에 자극을 덜 주고 싶다면 이제까지 별로 관심을 기울이지 않았던 신체 부위를 사용하면 된다. 그러기 위해서는 새로운 운동을 시작해야 한다. 그것이 다음에 나와 있는 뇌 유연화 수련의 목표이다.

어려운 동작을 새로 연습해 보자. 특히 좌뇌와 우뇌를 동시에 사용하는 것에 집중한다. 그래서 뇌를 자극하면서 동시에 유연하게 만들 수 있다.

1. 양손을 가슴에 올린다. 한 손을 주먹 쥐고 다른 손은 그냥 반듯하게 편다. 편 손은 계속해서 가슴을 위아래로 쓸고 동시에 주먹 쥔 손으로는 가슴을 두드린다.
2. 이 동작을 10회 반복하고 손을 바꾼다.
3. 10회를 반복하고 손을 다시 바꾼다.
4. 허공에 왼손으로는 원을 그리고 오른손으로는 삼각형을 그린다.
5. 다음에는 왼손으로 사각형을 그리고 오른손으로 역삼각형을 그린다.
6. 손을 바꾸어 위의 과정을 반복한다.

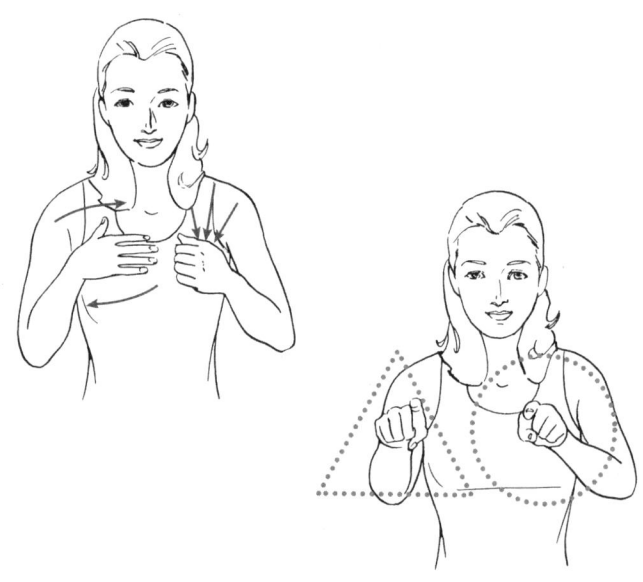

13

뇌 정화하기와 뇌 통합하기

답을 원한다면 뇌에게 물어보라
뇌간의 생명 에너지를 극대화하라. 우리의 뇌가 통합되었을 때
비로소 부정적인 정보의 영향력에서 벗어나
자신이 원하는 것이 무엇인지에 대한 답을 찾을 수 있다.

HUMAN TECHNOLOGY

뇌호흡에서 뇌 정화하기는 세 번째 단계에 해당한다. 뇌 정화하기는 두 부분으로 이루어져 있다. 먼저 마음에서 부정적인 선입견과 원치 않는 기억을 모두 몰아낸다. 다음으로는 파괴적인 정보에 대한 뇌의 면역력을 강화한다.

뇌는 지속적으로 정보를 받아들이고 있다. 받아들인 정보에 어떤 의미를 부여하느냐에 따라 우리에게 양분이 되거나 우리를 치유할 수 있는가 하면 반대로 우리를 괴롭히고 해를 끼칠 수도 있다.

사실과 해석

선입견이 행동을 지배하게 내버려 두면 결과적으로 우리의 과거가 현재와 미래를 지배하게 된다. 이미 처리된 정보는 과거에 일어난 사건일 뿐이다. 다시 말해 과거는 또 다른 정보 뭉치에 불과하다. 과거는 정보 조각으로만 현재에 존재할 뿐이다. 그런데도 사람들은 과거가 마치 현재의 일인 양 생생하게 말할 때가 있다. 과거는 아무런 물질적이거나 물리적인 실체가 없는, 말 그대로 지나간 일일 뿐임을 명심하라.

과거는 바꿀 수 없다. 왜냐하면 더 이상 존재하지 않기 때문이다. 하지만 과거에 일어났던 일들의 흔적과 결과는 현재에 살아 숨쉬고 있다. 과거가 오직 정보라는 사실을 깨닫는 순간 제일 먼저 과거로부터 자유로워질 수 있다.

우리의 과거를 구성하고 있는 정보는 사실과 해석으로 나누어 볼 수 있다. 가령, 누군가가 당신의 뺨을 한 대 때렸다고 가정해 보자. 그 충격에서 물리적으로 회복되는 데는 얼마가 걸릴까? 몇 분? 몇 시간? 하지만 그 폭력으로 유발된 수치심이나 감정적 상처는 그보다 훨씬 더 오래 지속될 것이다. 그러므로 우리에게 진짜 영향을 미치는 것은 따귀라는 물리적인 현상이 아니라 그 사건에 대한 스스로의 해석과 분석이다.

우리는 원효대사의 일화에서 이 교훈을 확인할 수 있다. 그는 공부를 하기 위해 중국으로 가는 길이었다. 오랜 여행으로 지칠 대로 지친 원효는 어두운 동굴을 발견하고는 하룻밤 묵어 가기로 했다. 그는 너무나 피곤했고 목도 말랐다.

주변을 더듬어 보니 작은 그릇에 차가운 물이 담겨 있었다. 그 물을 죽 들이키니 평생 먹어본 물 중에서 가장 맛있었다. 그는 물을 다 마시고 편하게 잤다. 다음날 아침, 눈을 떠보니 놀랍게도 자신이 그

릇이라고 생각했던 것은 이슬과 빗물이 가득 고여 있는 사람의 두개
골이었다. 어젯밤에는 그렇게도 시원하고 맛있던 물이 이제는 보기
만 해도 역겨웠다. 바로 그 순간 원효는 사실과 인식 사이에는 상대
적인 관계가 존재한다는 깨달음을 얻었다.

  사실을 어떻게 분석하고 해석하는가는 사실 자체보다 더 중요하
다. 우리의 과거는 이미 일어난 일에 대한 해석의 집합이다. 우리는
그것을 '나의 과거'라고 부름으로써 생명력을 부여한다.

  과거가 지금의 나를 만든 밑거름이었으며 앞으로의 방향을 제시
하는 역할을 한다는 것은 부정할 수 없다. 그렇다 해도 과거가 현재
와 미래에 부정적인 영향을 미쳐서는 안 된다. 특히 부정적인 해석
으로 가득 찬 과거라면 더욱 경계해야 한다.

스스로를 믿기

부정적인 정보의 영향력을 극복하기 위해서는 무엇보다 자신을 믿
어야 한다. 하지만 "나는 할 수 있다!"라고 큰 소리로 외치는 자기 긍
정이 모든 문제의 해답일 수는 없다.

  진심으로 자신감을 갖기 위해서는 우리 뇌를 움직이는 기본 체계
를 완전히 뒤엎어야 한다. 그러기 위해서는 자신이 어떤 사람인지,

어떤 능력을 지닌 사람인지 확실히 알아야 한다.

자신을 입증하는 유일한 방법은 스스로에게 행동으로 보여 주는 것이다. 그래야 뇌에게 우리가 얼마나 절실한지 이해시킬 수 있는 것이다. 그러나 자기 확신과 신념은 가지고 싶다고 해서 금방 생기지 않는다. 먼저 계속해서 스스로에 대한 신뢰를 쌓아가야 하는데 그것은 말과 행동이 일치하는 것에서부터 시작한다. 그런 행동을 가리켜 '고결함' 이라고 한다.

고결하게 행동하면 어느새 자신에 대한 확신이 서며 그 어떤 부정적인 정보가 우리의 앞길을 막는다 해도 상처받지 않을 것이다.

이것은 부정적인 정보로부터 우리의 뇌를 보호한다는 의미도 있다. 즉, 올바른 가치관과 원칙을 바탕으로 끊임없이 우리의 의식을 파고드는 부정적인 정보를 퇴치할 수 있다.

삶에 대한 확고한 철학은 무분별한 정보의 바이러스로부터 우리를 보호해 준다. 가치관과 원칙은 면역 체계를 수호하는 백혈구처럼 해로운 정보를 차단함으로써 우리에게 길을 안내해 주는 등불이 될 것이다.

뇌 정화하기 수련

앞에서 설명했듯이, 우리 몸에는 경락 다시 말해 온몸에 퍼져 있는 기의 통로가 있다. 경혈 혹은 지압점은 이 기가 우리 몸을 들고 나는 출입구에 해당한다. 정수리에는 '백회'라는 지압점이 있는데 말 그대로 우리 몸의 백 가지 경락이 교차하는 지점이라는 뜻이다.

백회에 모든 정신을 집중하면서 자연스럽게 호흡을 하면 정수리에 있는 이 경혈로 기가 들어오는 것을 느낄 수 있다. 이 수련을 하면 기가 백회로 들어와 뇌를 정화하기 때문에 뇌가 더욱 가볍고 상쾌해진 느낌을 받게 될 것이다.

1. 편한 자세로 앉아서 양손을 무릎에 올려 놓고 눈을 감는다. 몸과 마음의 긴장을 풀고 연속해서 몇 차례 심호흡을 한다. 정수리로부터 기의 흐름이 가슴을 통해 단전으로 내려가는 것을 느낀다.
2. '백회'라는 단어를 조용하게 반복하면서 백회에 집중한다.
3. 코로 숨을 들이쉴 때 기의 흐름이 정수리로 들어와 그 주위를 선회하면서 정체되어 있는 기의 흐름을 뚫어 주고 부정적인 기운을 모두 정화한다고 상상한다.
4. 부드럽게 "후"라고 말하면서 입으로 숨을 내쉰다.

이때 꽉 막혀 있던 나쁜 기운이 몸

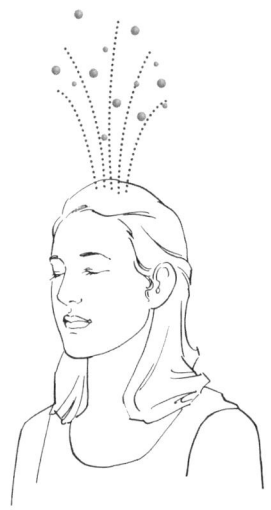

에서 빠져나간다고 상상한다.

5. 천천히 숨을 들이쉬고 내쉬면서 정화된 기가 몸으로 들어오고 막혀 있던 기가 빠져 나간다고 상상한다.
6. 세 번 연속해서 숨을 내쉰 뒤 눈을 뜬다.
7. 손이 따뜻해질 때까지 비빈 뒤 부드럽게 얼굴과 머리를 마사지한다.

뇌 통합하기

세상은 우리에게 끊임없이 도전하게 하고 엄청난 양의 정보를 쏟아내고 있지만 우리가 자기 뇌의 여러 부분을 제대로 통합할 수 있다면 그 도전에 훌륭하게 응수할 수 있다. 그러기 위해서는 뇌호흡의 네 번째 단계인 뇌 통합하기를 익혀야 한다. 이제부터 뇌 통합하기에 대해 알아보자.

뇌 통합하기는 두 가지 차원으로 이루어져 있다. 바로 좌뇌와 우뇌를 통합하는 수평적인 축과 11장에서 알아본 뇌간, 변연계와 신피질을 통합하는 수직적인 축이다.

좌뇌와 우뇌가 하는 일이 서로 다르다는 말을 들어 보았을 것이다. 좌뇌는 논리, 분석, 이성, 일차원적인 것, 언어 기능 등을 담당한다. 반면 우뇌는 종합, 직관, 영적, 상징과 동시성 등의 개념을 처리한다.

아마 자신이나 다른 사람들을 잘 살펴보면 좌뇌와 우뇌 중 어느 하나가 더 우세하다는 것을 알 수 있을 것이다. 그렇다면 뇌의 이 두 부분을 지금보다 더 잘 통합하여 균형을 맞춘다면 우리는 어떻게 변모할까?

뇌의 통합이 잘 이루어지면 문제를 더 잘 해결할 수 있다. 뇌의 왼쪽이 문제의 복잡한 측면을 분석하고 있다고 가정해 보자. 그때 오른쪽 뇌가 지극히 창조적인 해결책을 하나 떠올린다. 좌뇌는 그 내용을 검토하여 불합리한 점을 지적한다. 그러면 오른쪽 뇌는 새로운 해결책을 제시한다. 이렇게 양쪽이 효과적으로 의사소통을 하기 시작하면 결과적으로 뇌는 창조적이면서도 현실적인 해결책을 찾을 수 있다. 우리의 뇌가 수평적으로 통합되면 좌뇌와 우뇌는 조화롭게 기능하면서 최고의 아이디어나 해결책을 만들어 낼 수 있다.

신피질은 부위에 따라 다양한 기능을 가지고 있다. 뇌가 수평적으로 통합하면 이 부위들 사이의 의사소통이 개선되며 더욱 협조적으로 작용한다. 뇌의 가장 바깥쪽에 있는 신피질은 여러 엽葉으로 이루어져 있으며 각각의 기능이 있다.

신피질은 전전두엽, 전두엽, 두정엽, 측두엽, 후두엽 등으로 나뉘어져 있으며 각각의 부분은 고유의 기능이 있다.

전전두엽은 뇌의 앞부분 중앙 즉 이마의 특정 부위 주위에 있다. 전전두엽은 판단, 귀납과 유추와 같은 가장 고차원적인 정신 활동에서부터 복잡한 몸동작을 할 때 신체의 각 부위를 관장하는 기능까지 겸하고 있다. 전두엽은 마치 공항의 관제탑처럼 위에서 내려다 보며

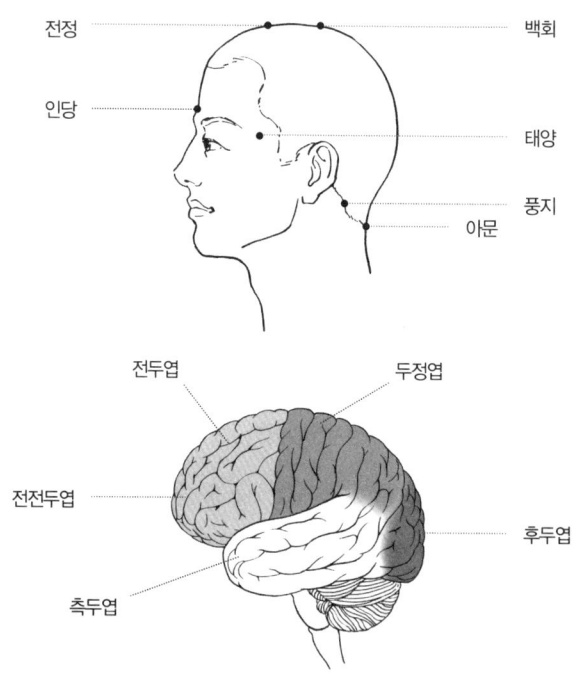

[뇌의 각 엽葉들과 관련이 있는 경혈들]

의식적인 정신 활동과 육체 활동을 조절한다. 두정엽은 머리 꼭대기에 위치해 있는데 감촉, 압력, 온도를 포함한 여러 감각을 관장한다. 측두엽은 기억력과 청력을 제어하는 곳으로 뇌의 가장 오른쪽과 왼쪽에 위치해 있다. 후두엽은 뇌의 뒤쪽에 있으며 시력을 관장한다. 이 부위들 사이의 통합이 잘 이루어지면 뇌는 더욱 효율적이고 효과적으로 기능한다.

그런데 머리에 경혈을 그려 보면 앞에서 설명한 신피질의 각 엽과 밀접하게 관련이 있는 것을 알 수 있다. 인당은 전전두엽과 관련이 있다. 전정은 전두엽과 관련이 있으며 백회는 두정엽과 관련이 있다. 태양은 측두엽과 관련이 있으며 풍지나 아문은 후두엽과 관련이 있다. 그러므로 이 지압점을 자극함으로써 뇌를 둘러싸고 있는 다양한 엽들을 간접적으로 자극할 수 있다. 그 결과 뇌의 작용을 더욱 개선할 수 있고 기능 통합을 촉진할 수 있다.

우리가 좋아하는 것이 우리가 옳다고 생각하는 것일까? 이 물음에 대한 답은 생각하는 뇌인 신피질과 감정을 관장하는 더 하위 부위가 서로 상호 작용하고 있음을 보여준다. 나는 이것을 뇌의 수직적 통합이라고 부른다. 우리의 가슴과 머리 사이에서도 이와 비슷한 관계를 찾아볼 수 있다. 우리는 가슴과 머리 사이에도 이와 비슷한 연결 고리를 사용할 수 있다. 다시 말해, 만약 이러한 상호 작용이 자유롭거나 자연스럽게 이루어지지 않으면 무슨 일을 하더라도 내부의 저항에 직면하게 되며 우리는 뭘 하든 활력을 잃게 될 것이다.

자신이 옳다고 여기는 것과 좋아하는 것이 일치하는 사람은 정말 운이 좋은 사람이다. 문제는 이 둘이 다를 때 발생하기 때문이다. 이 문제야말로 우리가 매일 경험하고 있는 혼란이라고 할 수 있을 것이다. 이 혼란을 극복하려면 스스로가 뇌의 주인이 되어야 한다.

현대 문명은 감정을 제어하는 데 성공한 이성의 산물이라고 알려져 있다. 하지만 나는 이성이야말로 감정과 조화로운 통합을 이루어야 한다고 생각한다. 가슴과 머리가 별개라면 우리는 어떠한 열정도 느낄 수 없을 것이며 그 결과 아무런 목적도 이룰 수 없을 것이다.

뇌 통합하기 연습

우리는 고도로 발달한 신피질을 가지고 있다. 하지만 이 신피질은 너무 왕성해서 변연계와 뇌간에서 일어나는 지극히 정상적인 활동을 억누를 때도 있다. 신피질의 과도한 영향력을 억제하고 뇌간의 생명 에너지를 극대화하려면 단조로운 자극이 사람을 잠들게 만드는 것처럼, 신피질의 과도한 영향력을 억제하기 위해서도 지속적이고 반복적인 리듬이 필요하다.

자율진동 수련은 뇌 통합하기 수련으로 이러한 목적에 가장 적합하다. 이 수련은 반복적으로 리드미컬하게 진동을 가함으로써 신피질의 활동을 억제하고 변연계를 활성화한다. 그 결과 우리는 뇌간에 숨어 있는 생명 에너지와 다시 연결될 수 있다.

자율진동 수련법은 몸을 위해 주변의 사물이 진동해 주기만을 기다리는 것이 아니다. 다시 말해, 몸의 내부에서 진동 반응을 일으키는 것이다. 자율진동에는 특정한 방법이나 패턴이 정해져 있지 않다. 생명의 자연스러운 리듬에 몸을 내맡기기만 하면 된다.

자유로운 몸짓을 방해할 수 있는 자의식을 그냥 풀어 버려라. 잡생각이 나거나 어떤 감정이 느껴지더라도 마음이 흐트러질 필요는 없다. 그저 잡념과 감정이 그대로 흘러가도록 내버려 두면 된다.

1. 발을 어깨 너비로 벌리고 선다. 손을 양 옆으로 편하게 내린다.
2. 먼저 무릎과 허리 부근을 가볍게 위 아래로 흔드는 것부터 시작한다. 그러면서 무릎에 반동을 준다. 이 동작을 온몸으로 확장시켜 온몸이 위 아래로 조화롭게 진동할 때까지 계속한다.
3. 점차적으로 자연스러운 진동이 온몸을 뒤덮게 된다. 마음을 평온하게 하고 몸이 스스로의 리듬을 만들어 내도록 내버려 둔다. 입술, 혀, 눈, 피부와 같은 몸의 모든 부분을 느껴본다. 모든 것을 말이다. 위아래로, 좌우로 몸을 흔들고 떨거나 몸을 이리 저리 꼬기도 한다. 이때 호흡은 몸동작에 맞추어 자연스럽게 하면 된다.
4. 오로지 이 진동에 빠져들면서 의식은 점점 사라질 것이다. 양손은 기가 꽉 막혀 있는 부위로 자연스럽게 옮겨가는데 그곳을 치유하기 위해

서이다. 자율진동이 정점에 달하면 당신은 저절로 몸의 긴장이 풀리는 것을 느끼며 진동의 속도는 점차 느려지다가 어느 순간 정지한다.

5. 자신의 맥박, 호흡과 마음의 상태를 잘 관찰한다. 호흡을 고르고 의식이 아랫배의 단전에 머무르게 한다.

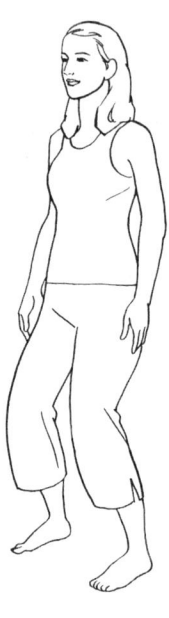

14

뇌의 주인되기

당신은 당신이 선택하는 것이고 행동하는 것이다
당신이 지닌 모든 생각, 감정, 정보, 기억과 육체는
당신이 사용할 수 있는 도구에 불과하다.
그 도구로 무엇을 만들고 창조해 나갈지는 당신에게 남겨진 선택이다.

HUMAN TECHNOLOGY

뇌호흡의 마지막 단계는 뇌의 주인 되기라고 부른다. 이제부터 그 내용을 살펴보자.

1단계 : 자기 자신이야말로 뇌의 진정한 주인이다

인생의 주인공이 되기 위해서 우선, 나야말로 뇌의 진정한 주인이며 조종자는 나라는 사실을 인식해야 한다. 자신을 단순히 감정, 사고, 선입견들과 뇌에 들어 있는 온갖 정보와 기억의 총합이 아닌 그것들로 이루어진 새로운 존재로 재인식해야 한다. 당신은 당신의 사고가 아니다. 당신의 감정도 아니다. 그렇다고 당신의 몸이 당신을 규정하는 것은 더욱 아니다. 당신의 이성도 아니다. 당신은 이 모든 것을 포용하지만 그것을 뛰어넘는 다른 차원의 존재인 것이다.

이런 인식으로 자신을 바라보게 되면 당신은 뇌가 얼마나 멋진 존재인지 깨닫게 될 것이다. 왜냐하면 뇌야말로 당신이 원하는 인생을 살 수 있도록 돕는 뛰어난 조력자이기 때문이다. 하지만 원하는 것을 손에 넣는 것은 뇌의 사용자인 당신에게 달려 있다. 뇌라는 만능 도구를 이용하여 사람을 치유할 수도 해를 입힐 수도 있기 때문이다. 당신이 지닌 모든 생각, 감정, 정보, 기억과 육체는 당신이 사용할 수 있는 도구에 불과하다. 그 도구로 무엇을 만들고 창조해 나갈지는 당신에게 남겨진 선택이다.

그런데 당신이 "내 뇌의 주인은 바로 나다."라고 선언했다고 해서 정말로 그렇게 되지는 않는다. 먼저 뇌의 신뢰와 존경을 얻어야 한다. 그러기 위해서는 항상 정직, 근면 그리고 책임감을 바탕으로 말하고 이를 실천에 옮겨야 한다. 당신이 먼저 이렇게 고결하게 행동한다면 뇌도 당신의 말에 귀 기울이고 당신을 위해 헌신할 것이다.

2단계 : 목표 만들기

인생의 주인이 되려면 먼저 명확한 목표가 있어야 한다. 힘을 얻어 새롭게 변화한다 하더라도 그 힘을 사용할 곳이 없다면 다 헛된 일이기 때문이다.

이 세상에는 자신이 무엇을 원하는지 모르는 사람들이 너무 많다. 목표를 달성하지 못하는 사람은 자신의 능력을 탓할 것이 아니라 명확한 목표부터 세워야 할 것이다. 목표가 확실하지 않으면 어떤 일에도 자신이 가지고 있는 역량을 십분 발휘할 수 없기 때문이다.

비전vision은 뇌가 가진 모든 잠재력을 다 활용할 수 있도록 스스로를 자극하는 목표이다. 비전이 있기에 한계를 극복하고 목표를 달성하기 위해 자신을 스스로 채찍질할 수 있다. 내 인생의 목표 혹은 내일의 계획 아니면 다음 주의 계획 등 우리는 스스로 비전을 만들 수 있다.

그렇다면 비전은 어떻게 창조할 수 있을까? 스스로에게 자문해 보라. 진정으로 원하는 것이 무엇인가? 무엇을 하면 당신의 가슴은 기쁨과 흥분으로 벅차오르는가? 당신의 비전을 대신 정해줄 수 있는 사람은 아무도 없다. 오로지 당신뿐이다.

진정한 비전을 가슴이 알려 주면 그 비전을 이루기 위해 무엇을 해야 할지 뇌에게 물어 보아야 한다. 비전이 현실이 되기 위해 필요한 힘과 아이디어를 얻기 위해 뇌와 소통해야 한다. 그러면 영혼은 뇌를 이용해 메시지를 우리에게 다시 전한다. 그 메시지가 진짜인지 아닌지 의심이 든다면 가슴에게 물어 보면 된다.

3단계 : 실천에 옮기기

주인 되기란 목표 달성을 위해 의도한 일을 실행하며 의식적으로 의도를 겉으로 드러내는 것을 의미한다. 무엇을 할지 선택해야 할 경우는 무수히 많다. 하지만 우리는 무의식적으로 그 선택에 저항한다. 가끔은 실패를 예견하는 내면의 소리에 귀가 솔깃하기도 한다. "지금 일에서는 전혀 성취감을 느낄 수가 없어. 새로운 일을 찾아야겠어." "경제적 안정으로 보자면 이만한 일이 없지." "성취감을 느낄 수 있는 일을 하고 싶어. 지금 이 일을 그만두지 않으면 분명히 후회할 거야." 이런 소리들은 상황에 따라 현실에 안주하거나 목표를 포기해 버리라고 유혹한다.

원하는 것을 하겠다고 선택해 놓고도 무의식적으로 그 선택에 저항하고 동시에 그 장애를 극복하려는 모순 속에서 우리는 종종 포기를 선택한다. 내부의 저항 때문에 전심전력을 다할 수 없는 것이다.

그렇기 때문에 성공을 위해 어느 정도 단순한 마음 자세를 가지는 것도 필요하다. 나는 단순하지만 강력한 마음가짐을 '단심丹心'이라고 부른다. 단심은 뱃속 깊은 곳에서 일어나 결코 흔들리지 않는 강한 정신력을 의미한다.

진심으로 원하는 것을 찾았다면 정직, 성실 그리고 책임감 등으로 무장하여 전심전력을 기울여 그 목표를 반드시 성취하자.

뇌 주인 되기 수련

뇌의 주인이 되는 수련을 통해 긍정적이고 정화된 즐거운 정보를 뇌에 공급할 수 있다. 이런 정보는 뇌가 최대한의 역량을 발휘하도록 동기를 부여한다. 뇌의 가장 중요한 역할은 우리가 비전과 꿈을 성취할 수 있도록 돕는 것이다. 비전을 추구하는 과정에서 뇌는 자신의 잠재력을 일깨우며 당신이 시간과 노력을 기울일 가치가 있을 만한 동기를 끊임없이 창조할 것이다.

1. 특정한 시간대를 정해 명상을 한다.
2. 편한 자세로 앉아서 숨쉬기를 3회 한다.
3. 양손을 가슴 높이까지 들고 지감수련을 시작한다.
4. 주위의 에너지장이 느껴지면 생각과 감정을 가라앉힌 후 양손을 무릎에 놓는다.
5. 기의 흐름이 정수리에 있는 백회혈로 들어와 양 미간 중앙에 있는 인

당혈로 뻗어나간다고 상상한다. 당신 앞에 밝은 스크린이 나타나 당신이 꿈꾸고 있는 비전을 그 스크린에 비춘다고 생각한다.

6. 그 비전을 성취한 순간 당신은 크나큰 환희에 휩싸여 있다고 상상한다.
7. 계속 의식을 집중하다 보면 그 비전을 성취할 수 있는 여러 가지 방법들이 떠오를 것이다.
8. 숨쉬기를 3회 한 후 눈을 뜬다.
9. 명상을 하면서 떠오른 아이디어와 생각들을 기록한다.

뇌와 깨달음

나는 대학에서 임상병리학을 전공했기 때문에 해부학과 생물학을 배웠다. 하지만 뇌의 본질에 대해서는 그런 지식들이 아닌 개인적인 경험으로 깨달을 수 있었다. 나는 인생의 의미를 추구하는 과정에서 최고의 교훈을 얻었는데 모악산에서 21일간 잠도 자지 않고 먹지도 않으면서 명상 수련을 한 결과였다.

경험해 보면 알겠지만 굶는 것보다 잠을 자지 않는 것이 더 힘들다. 자지 않고 명상을 계속한 지 사흘이 지나자 나는 헛소리를 시작했다. 닷새가 지나자 몸과 마음을 컨트롤할 수 없었다. 차라리 미쳐버리고 싶었다. 거의 정신 착란 직전까지 간 것이다. 하지만 결국 나는 사고를 넘어선 장소를 들여다 볼 수 있게 되었다. 의식적인 인식의 마지막 단계인 우주의 의식이라는 상태에 도달할 수 있었기 때문이었다. '나'라는 의식이 아주 조금만 남아 있어도 이런 상태에 완전히 몰입할 수 없다.

더 이상은 못 견디겠다고 느껴지는 순간이 찾아오자 드디어 나는 말 그대로 모든 것을 놓아 버렸다. 바로 그 순간 어떤 목소리가 내면에서 들려왔다. "내 몸은 내가 아니라 내 것이다." 그러므로 상처를 입는 것은 내가 아니라는 목소리가 들려왔다. 고통 속에 있는 것은 내가 아닌 내 몸이었다. 도저히 견딜 수 없어 나는 내 몸마저 포기하려 했다. 그런데 그 순간 내 몸은 내가 아니라 나의 것일 뿐이라는 깨달음을 얻게 된 것이다. 머리 속에서 굉음을 울리며 폭발음이 들렸다. 갑자기 내 의식이 또렷해지면서 모든 사물이 명확해지기 시작했다.

나는 정신과 육체에 엄청난 시련을 겪고 깨달음에 도달했지만 그런 과정이 반드시 필요하다고 생각하지 않는다. 나중에 깨달은 사실이지만 이것은 모든 것을 놓아 버릴 수 있느냐 아니냐의 문제였다. 이 상태에 도달하는 방법은 무수히 많다. 역설적으로 들리겠지만 이 세상에 대한 모든 인식을 깨끗하게 포기하는 그 순간, 무의식의 세계에서나 만날 수 있는 새로운 차원의 의식을 얻을 수 있다.

정말 역설적인 이야기이다. 그 어느 때보다 깨어있는 의식을 지닌 채 무의식의 영역으로 들어가야 하기 때문이다. 깨달음이란 그런 의식과 하나가 되는 것이다. 이것이야말로 인간이 경험할 수 있는 궁극의 경험이다. 이 상태에서 당신은 진정한 당신이 될 수 있다. 이 깨달음의 상태가 뇌의 기능이라고 믿어 의심치 않는다. 깨달음은 전적으로 육체적이면서도 동시에 영적이다.

깨달음은 몸과 마음과 영혼이 통합된 상태를 경험하는 것이다. 조화를 경험하는 것이다. 모든 것이 하나로 녹아든 상태이며 모든 것이 하나로 통합되어 있는 자아의 정수가 개인적인 경험을 통해 발현하는 것이기도 하다.

잠을 안 자고 21일을 버틸 수 있는 사람은 거의 없을 것이다. 그러므로 앞에서도 강조했듯이 고행을 할 필요는 없다. 설령 시련을 통과한다 하더라도 당신이 찾고 있는 해답을 얻는다고 보장할 수도 없다.

대신 자신의 존재에 대한 근원적인 물음을 통해 자신의 의식을 한계 상황으로 끌고 가보라. 일생 동안 용기 있게 추구해온 삶에 대한 물음을 가지고 말이다. 진정 우리는 일생을 걸고 그러한 물음을 던져야 하며 그 물음에 대한 답을 실천하는 삶을 살아야 한다.

쉽게 얻을 수 있는 깨달음

나는 깨달음은 뇌 속에 있다는 것을 알기 때문에 뇌에다 나의 새로운 삶의 전략과 계획의 초점을 맞추었다. 그래서 나는 두 가지 계획을 세웠다. 첫째는 사람들이 자신의 뇌와 친해지고 편안하게 대할 수 있도록 돕는 것이다. 두 번째는 사람들이 이미 깨달음을 얻은 것처럼 행동할 수 있도록 격려해 나가는 것이다. 이것이 '깨달음의 비밀'이다. 마치 이미 깨달음을 얻은 것처럼 행동하다 보면 어느새 더 높은 차원의 의식에 도달할 수 있다.

깨달음의 행동은 당신을 깨달음의 상태로 인도한다. 깨달음의 행동을 하기 위해서는 깨달음을 얻을 때까지 기다릴 필요가 없다. 뒤집어서 생각해 보라. 깨달음을 얻은 뒤 행동이 바뀌기를 기대하지 말고 깨달음의 행동을 통해 더 높은 차원의 의식 수준에 도달하려고 노력하는 것이 더욱 중요하다. 자동차를 운전하기 위해 제작 단계부터 모두 배우지 않더라도 운전을 하다 보면 자동차에 대해 속속들이 알아 갈 수 있는 것과 마찬가지다. 내 경험을 이 책에 소개한 것은 모든 깨달음을 여러분과 함께 나누고 싶었기 때문이라는 점을 명심하라.

하지만 내가 힘든 길을 걸었기에 깨달음에 도달하는 훨씬 쉬운 방법들도 알 수 있었고 그 결과 모든 사람들에게 소개할 수도 있었다. 이 책에서 나는 그 이야기를 전하고 싶었다.

뇌에 대해 생각하면 할수록 나는 큰 흥분을 느낀다. 특히 뇌에는 평화를 추구하는 잠재적인 힘이 내재되어 있다는 점이 그 무엇보다 흥미롭다. 우리는 처음부터 남과 조화를 이루며 서로 돕고 살도록 창조되었다고 나는 확신한다. 우리의 뇌는 건강과 기분 좋은 감정을 느끼게 하는 호르몬을 만들어 낸다. 부정적인 습관과 기억들이 이러한 기능을 방해하기 때문에 그 잠재력은 잠재력으로밖에 남을 수 없다. 하지만 우리는 평화의 상태로 돌아갈 수 있다.

이 책에는 내가 배운 것과 배움을 통해 얻은 메시지를 집약해 놓았다. 나는 그 내용을 여러분들에게 선사하고 싶다. 나는 여러분들이 인생의 의미를 찾아 떠나는 여행에서 이 선물의 가치를 발견하기를 희망한다.

나의 깨달음을 서로 공유함으로써 남을 돕는다는 의미도 있지만 동시에 나의 자아실현을 위해 타인의 도움을 받는다는 의미도 있다. 우리 모두가 함께 인간성 회복을 추구하여 더 좋은 세상을 만들어 나가는 것이 바로 나의 비전이기 때문이다. 이런 세상이 도래하기 위해 우리는 스스로 인생의 주인이 되어야 한다.

15

문제는 가정이다

가족끼리 치유를 통해 소통하라
치유는 가장 친밀한 과정이다. 가정은 몸과 마음을 치유하는 곳으로 휴먼 테크놀로지의 기반을 이룬다. 가장 심오한 가치와 습관들은 바로 가정에서 형성되기 때문이다.

HUMAN TECHNOLOGY

이 책은 자기 삶의 주인이 되기 위한 원칙과 실천방법들을 알리는 데 그 목적이 있다. 나는 삶의 주인이 되는 것이 결코 반사회적이거나 자기중심적인 삶과는 아무런 관계가 없음을 다시 한 번 강조한다. 삶의 주인이 된다는 것은 창의력을 발휘해 가장 높은 수준의 자아로 성장하는 것을 뜻한다. 휴먼 테크놀로지는 당신이 더 이상 타인에게 의지하지 않으며 일방적인 의존이 아닌 서로 의지할 수 있도록 만드는 데 그 목적이 있다. 명상과 호흡법, 성 에너지를 다루는 법, 혹은 무아의 실현과 같은 휴먼 테크놀로지의 여러 원칙과 실천방법은 사회적으로 매우 의미가 깊은 일이다. 휴먼 테크놀로지의 핵심은 가장 효과적이고 즐거운 치유 과정을 통해 서로 돕는 사회를 만들고 지속적으로 발전시키자는 것이다.

그렇다면 누구와 함께 그 원칙과 실천방법을 배우고 누구에서 그 효능을 선사할 것인가? 휴먼 테크놀로지는 바로 가족 내에서 실현되어야 한다. 우리는 자아를 형성해 가는 대부분의 시간을 가족과 함께 보낸다. 휴먼 테크놀로지는 우리 사회를 이루는 가장 중요한 요소인 가정이 사랑과 지혜와 힘을 키워나가도록 돕고자 한다. 가정은 마음을 치유하는 곳으로 휴먼 테크놀로지의 기반을 이룬다. 가장 심오한 가치와 습관들은 바로 가정에서 형성되기 때문이다.

만약 우리가 가정이라는 기반에 든든한 뿌리를 내리고 있지 않으면 학교나 전문가로부터 배운 정보가 모두 무용지물이 되고 만다. 서로를 아끼는 단단한 유대감으로 맺어진 가정에서 자란 사람은 커서도 안정성, 자신감, 세상에 대한 신뢰와 같은 기초적인 가치들을 소중히 여긴다. 이런 가치들이 없다면 세상은 무섭고 위험한 곳이 될 것이다. 자연히 우리도 그 사회에서 제대로 역량을 발휘할 수 없다.

휴먼 테크놀로지는 각자가 가정을 치유하고 성장시킬 수 있도록 돕고자 한다. 그 대상이 반드시 부모일 필요는 없다. 딸, 아들, 자매 혹은 형제도 될 수 있다. 나는 우리의 가정이 휴먼 테크놀로지를 바탕으로 사회의 구성원들에게 이해와 조화의 가치를 가르치는 터전으로 자리매김하기를 바란다.

가정생활, 그 과거와 현재

문제 없는 가정이 있을까? 나는 그 질문에 매우 회의적이다. 우리들 중에는 가정에서 받은 학대로 깊은 상처를 받거나 부모의 알코올이나 마약 중독으로 인해 붕괴된 가정에서 자란 사람들도 있을 것이다. 사회적 성공이나 다른 목표에 너무 집착했던 부모를 둔 사람들은 후에 이기적인 어른으로 자라나 부모에 대한 자식의 도리를 할 생각조차 하지 못하는 경우도 있다. 부모의 과잉보호를 받고 자란 사람은 혼자 힘으로는 현실의 세상에 적응하지 못하기도 한다.

고, 무상, 그리고 무아의 견지에서 생각해 보면 문제 없는 가족을 이루기가 얼마나 어려운지 불을 보듯 뻔하다. 지금까지의 삶의 기반을 송두리째 뒤엎은 진리를 나 혼자 마음을 다잡고 실행에 옮기기도 힘든데 온 가족이 뜻을 모아 실행하기는 얼마나 힘이 들겠는가!

오늘날에는 가정의 양육 태도에서 비롯된 기형적인 행동에 대한 사회적 관심이 높아졌다. 심리학을 아는 사람이라면 알 것이다. 사람이 자신이 자란 가정의 습관에 얼마나 많은 영향을 받게 되는지 말이다. 살면서 무슨 행동을 하든 그 습관의 영향에서 완전히 자유로울 수 없다.

깨달음을 얻어 더 큰 통찰력과 명석함을 얻은 사람이라면 자신이 자란 가정에 대해 어떤 태도를 보여야 할까? 자신의 가족이 겪고 있는 문제를 수면 위로 끌어 올려 다시 바로잡는 문제가 당신에게 중요한 일일 수도 있고 그렇지 않을 수도 있다. 물론 그 문제는 각자의 상황과 판단에 맡겨야 할 것이다. 그러나 이것만은 명심하라. 모든 문제를 제대로 바로잡을 방법과 그 시기를 결정하는 사람은 바로 당신 자신이어야 한다. 가정의 문제를 해결하는 것이 과연 가장 고귀한 인생의 목적을 달성하는 데 도움이 될지 생각해 보라.

어떤 경우에라도 최상의 사랑과 지혜 속에서 가정을 꾸려 나가야 할 책임은 당신 자신에게 있다. 어린 시절 당신이 겪었던 고통을 끝내야 할 사람은 바로 당신이다. 학대, 잔혹성, 무시, 수동성, 지배를 포함하는 그 어떤 비극도 지금 자신이 속한 가정에서 되풀이되지 않도록 하는 것도 당신의 몫이다. 사람들은 자신이 자란 가정 환경에서 생긴 필요 없는 습관 때문에 잠재력을 제대로 발휘하지 못한다. 그러므로 지금의 마비 상태에서 벗어나려면 그 행동 패턴을 깨부수고 새로운 패턴을 창조해야 한다.

물론 안다고 다 실천에 옮길 수는 없다. 하지만 지난 세월 가족에 대한 분노로 인해 세상에 대한 불필요한 분노를 키울 수도 있음을 명심하라. 과거의 행동을 고집스럽게 고수하는 것은 아무런 의미가 없다. 이러한 깨달음에 도달하면 진정한 변화가 일어난다. 그렇다면 어떻게 스스로를 변화시켜 나갈 수 있을까?

휴먼 테크놀로지는 깨달음을 실천에 옮기는 데 도움을 주고자 개발되었다. 이 책에서 다룬 모든 내용은 뇌호흡 수련과 함께 여러분이 올바른 건강과 성생활 그리고 인생의 목적을 추구하여 올바른 방향으로 인생을 이끌어 나갈 수 있도록 도움을 줄 것이다.

자신의 가정을 꾸미기 전에

결혼을 앞두고 있는 사람들은 건강, 성, 영혼이 성공적인 가정을 꾸려 나가는 핵심 요소라는 점을 꼭 명심하기 바란다. 내 삶의 주인이 되어 이러한 요소들을 제대로 다룰 수 있는 기본 원칙을 배워야만 가정을 제대로 이끌어 갈 수 있다.

부모들은 반드시 자신과 아이들의 건강을 최우선으로 생각해야 하며 아이들에게 올바른 성생활의 지침을 마련해 주고 열정을 다해 추구할 인생 목적의 필요성을 가르쳐 주어야 한다. 이 능력은 집회, 협회, 조직과 같은 단체의 지도자처럼 가정을 이끌어 나갈 위치에 있는 사람이라면 누구나 지녀야 한다. 어떤 단체의 구성원들일지라도 지도자의 감정적, 육체적, 정신적인 부분에 영향 받지 않을 수 없기 때문이다. 가정에서 시작된 행복은 더욱 건강한 사회와 온 인류의 평화를 이루는 주춧돌이다.

치유와 가정

지금까지 내 가족들은 나를 병을 고치는 사람으로 생각해 왔다. 나는 임상병리학과 한의학을 공부했으며 개인적으로 다양한 치료법을 개발하고자 하는 뚜렷한 목표를 추구해 왔기 때문에 언제나 열성을 다해 타인을 치료했다. 지난 세월 나는 그것을 당연하게 받아들였다. 그래서 단체를 설립하고 사람들을 치유하는 것을 나의 비전으로 삼게 된 것은 필연적인 결과였다. 이런 치유 활동과 가족이라는 존재는 내게 너무나 당연한 존재들이므로 그런 활동과 존재에 대해 아무런 새로운 점을 느끼지 못할 거라고 생각할 수도 있다. 그러나 실제는 전혀 그렇지 않다. 나의 활동과 가족은 소중한 교훈의 원천으로 언제나 내 곁에 자리 잡고 있기 때문이다.

나는 20대에 결혼했다. 결혼으로 얻은 아내와 두 아들은 얼마나 소중하고 감사한 존재인지 모른다. 나는 가정을 키워 나가고 이끌어야 했을 많은 시간을 일과 해외 출장으로 보내야 했다. 그러다보니 어느새 두 아이들은 자라서 학교에 갈 나이가 되어 있었다.

큰아들은 대학을 졸업할 무렵 건강이 그리 좋지 않았다. 열심히 공부하느라 스트레스도 많이 받고 식사도 제대로 하지 않았던 것이다. 그래서 아이는 아프기 시작했다. 아이는 내게 도움을 청했고 그럴 때 나는 아이를 치료해 주곤 했다.

몇 주 동안 아이에게 침을 놓고 뜸을 떠 주었으며 동시에 올바른 숨쉬기와 도인체조를 가르쳐 주었다. 그러자 얼마 지나지 않아 아이의 건강 상태가 호전되었다. 혈색이 좋아지고 눈에 총기가 돌았으며 기운이 강해졌다. 무엇보다도 아이의 얼굴에 미소가 돌아왔다. 그 미소를 보게 되자 나는 안심하고 아이를 다시 학교로 돌려 보낼 수 있었다.

내가 이 이야기를 지금 하는 데는 두 가지 이유가 있다. 첫째, 가족이 강한 유대감으로 맺어져 있을 때는 어떤 고난도 가족을 붕괴시킬 수 없음을 말해 주고 싶어서이다. 둘째, 휴먼 테크놀로지의 효과를 다시 한 번 강조하고 싶어서 이기도하다. 호흡법이나 도인체조, 명상, 지압이나 침, 뜸과 같은 가정 건강을 위한 모든 방법들은 가정의 건강뿐만 아니라 유대감을 강화하는 데 매우 효과적이라는 것이다.

가족 구성원이 모두 치유자가 된다면 어떨까? 치유라는 활동을 통해 가족의 유대감은 더욱 강해지지 않을까? 서로를 보살피는 과정을 통해 더욱 강해진 사랑과 신뢰를 모두가 확인할 수 있을 것이다. 치유는 헌신의 가장 심오한 형태이다. 가족 구성원의 소통이 치유의 힘을 통해 이루어진다면 더 이상 여러 말이 필요 없다. 휴먼 테크놀로지는 가족의 건강뿐 아니라 더욱 조화로운 가족관계를 엮어 나가는 만병통치약이 될 것이다.

치유는 가장 친밀한 과정이다. 건강에 대해 친밀하고 진심어린 대화를 나누면서 사랑으로 지압과 뜸을 해 주다 보면 어느새 신뢰에 바탕을 둔 의사소통과 몸을 통한 친밀한 경험들을 쌓을 수 있을 것이다. 아이들은 자신만을 생각하던 상태에서 벗어나 어른이 된 후 더 큰 자신감과 즐거운 경험을 하게 될 것이다. 부부는 배우자에게 더 솔직해질 것이다. 서로의 몸을 치유하는 것은 몸만 치유하는 것이 아니기 때문이다. 서로를 신뢰하고 사랑하는 마음을 표현하다 보면 결과적으로 마음과 영혼을 치유할 수 있다.

가장 중요한 지침

지금 이 순간 아이가 이렇게 묻는다면 어떻게 대답할 것인가? "엄마 아빠는 인생의 목표가 뭐예요?" 하고 말이다.

이런 질문을 들은 부모들이 얼마나 놀랄지 눈에 선하다. "인생의 목적에 대해 아이들에게 무슨 대답을 할 수 있을까?" 이 질문을 얼마나 중요하게 여기는지는 아이들을 얼마나 사랑하는지를 보여주는 척도일 것이다. 부모라면 응당 가장 멋진 답을 주고 싶을 것이다. 그렇다면 스스로에게 "내 인생의 목적은 무엇일까?"라고 물어 보아야 하지 않을까?

부모가 아이들에게 줄 수 있는 가장 소중한 선물은 아이들의 마음 속에서 자연스럽게 존재의 의미를 묻는 질문이 생겨나게 하는 것이다. 그리고 아이들의 질문에 부모는 자신들이 경험한 인생을 바탕으로 지혜로운 대답을 해 주는 것이다. 물론 부모의 해답이 아이들에게도 해당되리라는 법은 없다. 아이들은 자신의 인생에서 새로운 해답을 구해야 한다. 부모가 구한 답과는 크게 차이가 날 수도 있지만 부모가 경험한 연장선상에서 아이도 해답을 구할 수 있을 것이다. 어떤 경우든 서로가 지닌 열정과 인생의 목적에 대해 진지하게 이야기를 나누면 아이들은 자신감을 얻는다. 그리고 부모를 향한 아이들의 신뢰와 존경심도 무럭무럭 자랄 것이다.

힐링 패밀리 운동 Healing Family Movement

가족들이 사회에 기여하고 건강한 사회를 이루고자 애쓰는 과정에서 휴먼 테크놀로지는 큰 도움이 될 것이다. 그래서 나는 힐링 패밀리 운동을 통해 가족들에게 휴먼 테크놀로지를 선사하고자 한다.

이 운동은 휴먼 테크놀로지를 기반으로 가족들이 더욱 건강하고 평화로운 문화를 창조하도록 돕는 데 그 목적이 있다.

힐링 패밀리 운동은 가족이 건강을 유지하고 유대감을 강화하며 건강하고 균형 잡힌 인생을 이끌어 나갈 수 있도록 돕는다. 전 세계에 퍼져 있는 단학, 뇌호흡 센터와 힐링 패밀리 센터에서 사회를 치유하고 변화시킬 수 있는 방법들을 널리 알리고 있다. 이 책 말미에 실린 다른 참고 서적들을 참고하면 여기에 소개되지 못한 다양한 휴먼 테크놀로지 수련법들에 대해 알 수 있을 것이다. 지금도 가정이

본연의 역할을 제대로 할 수 있도록 수많은 휴먼 테크놀로지 전문가들이 세계 곳곳에서 수련을 받고 있다.

고난을 함께 이겨낸 가족이야말로 건강하고 안정된 사회를 이룰 수 있다. 사회 일각에서는 가족의 해체를 경고하는 목소리가 높아지고 있다. 하지만 나는 어떤 형태로든 의미 있는 사회적 변화의 씨앗이 우리 가정 내에서 이미 잉태되고 있다고 확신한다.

16

인간성 회복의 길, HSP 현상과 법칙

이유 없이 얼굴에 미소, 마음엔 평화

우리 뇌에는 건강Health, 행복Smile, 평화Peace 라는 HSP 현상을
일으킬 수 있는 메커니즘이 있다. 거기에 불이 들어오게 하는 스위치는
우리의 '선택' 이다. 건강, 행복, 평화는 선택하는 순간 찾아온다.
이것은 많은 사람의 운명을 바꿀 수 있는 발견이다.

HUMAN TECHNOLOGY

몇 년 전 애리조나 주의 세도나에 갔을 때 나는 마크라는 남자를 만나 이런 이야기를 들었다.

약 2년 전에 나는 심장마비를 겪었습니다. 그로 인해 심각한 언어장애와 팔 다리가 일부 마비되는 증상으로 고생했습니다. 그 당시에 사업 확장 때문에 엄청나게 스트레스를 받고 피로가 누적되어 있었습니다.

그래도 운이 좋아서 생명을 건지고 회복되고 있습니다. 회복하면서 겪게 된 가장 큰 문제는 담배였습니다. 흡연은 저와 같은 환자들에게는 독약과도 같습니다. 하지만 의사의 경고에도 좀처럼 끊을 수가 없었습니다. 금연을 하려고 안 해본 일이 없습니다. 하지만 담배 한 모금 생각이 하루 종일 머리를 떠나지 않아서 아무것도 할 수가 없었습니다. 금연 프로그램에도 나가 보았고 니코틴 대용품도 써보았습니다. 침도 맞아 보았습니다. 무슨 짓을 해도 끊을 수 없을 것 같았습니다. 심장마비 후유증으로 고생하면서도 하루에 한 갑을 피워야 했습니다. 제 아내는 사업을 할 때는 그렇게 결단력이 있으면서 담배는 왜 못 끊느냐고 잔소리를 해댔습니다.

그러던 어느 날 뇌호흡과 단학수련을 시작하게 되었습니다. 개인 트레이너가 생활의 모든 긴장을 푸는 데는 명상이 좋다고 권했습니다. 일주일에 두 번 집 근처의 단센터에 갔고 혹시 출장을 가게 되면 혼자서 도인체조와 단전호흡을 했습니다. 그리고 매일 명상도 빼먹지 않았습니다.

그렇게 넉 달이 지났을까요. 그날도 다른 날과 변함없이 눈을 뜨자마자 욕실에서 담배에 불을 붙였습니다. 그런데 한 모금 들이쉬자마자 구역질이 났습니다. 이상해서 한 모금을 더 마셨더니 속이 안 좋아져서 도저히 담배를 피울 수가 없었습니다. 제 몸이 알아서 담배를 거부한 것입니다.

어떻게 이렇게 되었는지 저도 모르겠습니다. 마치 내 몸과 마음에 갑자기 매우 예민한 센서가 생겼다고 할까요. 이 센서들 덕분에 선택의 상황에서 더 나은 결정을 내리게 되었습니다.

우리의 고등 감각 인지 HSP 범위

정도의 차이는 있지만 모든 사람이 마크와 비슷한 깨달음의 순간을 겪는다. 우리 몸에 이미 내재되어 있는 감각이 눈을 뜨는 것이다. 이 순간을 통해 우리는 더욱 심오한 경험을 할 수 있고 세상에 대한 이해를 넓혀갈 수 있다. 나는 마크가 말한 내부의 센서를 고등감각인지HSP, Heightened Sense of Perception라고 부른다.

인지認知는 감각을 통해 정보를 배우고 인식하는 과정을 뜻한다. 물체, 영상과 감정에 대한 감상, 조건 및 그 관계들을 차별화 하거나 통합하기 위해서는 지각이 필요하다. HSP가 있다는 것은 인생을 좀더 확장된 측면에서 인식할 수 있는 고등 감각, 주의력 혹은 능력이 있다는 것을 의미한다. 우리는 다양한 방법으로 HSP를 경험할 수 있다.

첫째, 몸에서 일어나는 미세한 변화를 인식하는 육체적 능력이 있다. 우리의 몸은 스스로의 건강을 모니터하고 건강한 상태를 회복하는 능력이 있다. 이것이 우리 몸의 치유력이다. 만약 몸에 수분이 부족하면 갈증을 일으켜 사람이 물을 마시게 한다. 추우면 몸은 열을 만들기 위해 떨기 시작하고 더우면 땀을 흘려 열기를 발산한다. 우리의 면역체계는 몸으로 들어오는 이물질을 몰아 낸다. 감기가 낫고 피부의 상처가 아무는 것은 다 몸의 치유력 때문이다.

육체적 감각Physical Sense이 발전하면 우리 몸 스스로 몸의 균형을 찾고자 하는 힘이 증진되는 것으로 그 효과가 드러난다. 몸은 스트레스를 받으면 다시 회복할 수 있도록 원기를 저장해 두고 있다. 우리 몸이 스스로 회복할 수 있는 능력을 갖추고 있는 그 상태가 아주 이상적인 상태이다. 육체적 감각이 발달하면 몸은 균형 상태를 알아서 유지하려 애쓴다. 마크가 저절로 금연을 하게 된 것은 육체적 감각이 활성화되었기 때문이다. 앞 장에서 소개한 도인체조와 명상, 호흡법들이 이러한 육체적 감각을 강화하는 데 도움이 된다.

둘째, 우리 주변에 존재하는 기의 흐름을 인식함으로써 HSP를 경험할 수 있다. 기는 생명 그 자체이며 또한 생명의 흐름을 만들어 가기도 한다. 기는 끊임없이 움직이며 서로 결합하기도 하고 사방으로 퍼져 나가기도 하면서 온갖 생명을 창조한다. 당신과 나, 그리고 세상의 모든 현상은 궁극적으로 기가 체화體化된 모습에 불과하다.
모든 생명체에서는 미세한 기의 흐름을 포착할 수 있다. 하지만 우리가 자연으로부터 너무나 멀어졌으며 언어와 오감을 통해서만 의사소통을 하고 감각을 느끼기 때문에 주변에서 기를 찾아내는 능력을 잃어버리고 말았다.
사람은 기 감각을 개발하게 되면 자연치유력이 눈에 띄게 개선되며 자연에 더욱 다가가고 타인들과도 더 친밀해질 수 있다. 기 감각의 개발은 육체적 감각의 개발과 밀접한 관련이 있다. 육체적 감각이 깨어나야만 기 감각을 더욱 쉽고 더 깊게 깨울 수 있기 때문이다. 4장에서 소개한 지감수련은 기 감각을 깨우는 데 매우 효과적이다.

셋째, 영적인 감각을 통해 HSP를 경험하는 것이다. 영적인 감각을 깨우면 우리 영혼에 깊이 뿌리내린 가치들을 추구할 수 있다. 자신의 영혼을 느끼지 못할 때 우리는 육체 안에 갇혀 버리고 만다. 육체는 시간과 공간에 한정되어 있기에 사람들은 육체가 유일하고 유한하며 우주와 단절되어 있다고 믿는다. 그러나 영혼에 눈을 뜨게 되면 온 우주와 연결되어 있는 자신을 느낄 수 있다. 영적인 감각을 깨우기 위해서는 먼저 영혼의 소리에 귀 기울여야 한다. 이 내용은 8~10장에서 자세히 다루고 있다. 영혼의 목소리가 알려주는 대로 정직, 근면 그리고 책임감을 통해 인생의 선택을 계속해 나가다 보면 영적인 감각은 더욱 강해질 것이다.

영적인 감각을 깨우기 위해서는 평화를 경험하는 것이 무엇보다 중요하다. 차원 높은 행복감을 경험하고 자신의 본질을 정확하게 인식하는 경험을 하게 되면 그 전에는 도저히 닿을 수 없는 의식의 경계로 들어가게 된다. 그곳이 바로 평화의 장소이다.

마지막으로, 나는 HSP란 우리의 오감 기관으로 도저히 인지할 수 없는 물체나 상황을 우리의 '육감'을 이용해 인지하는 것이라고 생각한다.

뇌호흡 훈련을 통해 HSP훈련을 한 어린이들은 시간이 지날수록 집중력이 생기면서 사물에 대한 이해능력도 상당히 높아지는데, 나

중에는 눈을 가리고 책을 읽어 내기도 하고 색깔 카드를 맞추는 등 투시 능력을 보이기도 한다. 뇌호흡을 통해 뇌에 혈액이 많이 공급되고 뇌세포의 생명력이 극대화됨으로써 극히 일부밖에 사용하지 못하던 뇌의 기능을 훨씬 많이 활성화할 수 있다. 그 과정에서 아직 우리가 알지 못하는 뇌의 많은 능력이 개발되는데 투시와 같은 현상도 그런 과정에서 나타나는 현상이다.

뇌호흡을 통해 두뇌가 개발되면서 양 눈썹 사이의 인당혈은 눈과 같은 역할을 하게 되고 인당혈을 통해 감지된 대상의 정보는 뇌하수체 전, 중, 후엽을 거치면서 사물을 인식하게 된다. 뇌호흡을 하는 아이들은 눈을 감은 상태에서 마치 3~5m 정도 앞에 영상화면이 놓인 것처럼 사물이 보인다고 설명한다.

이러한 HSP 능력은 오감과 마찬가지로 수련으로 개발할 수 있다. 다음에는 기를 민감하게 만드는 수련법이다. 수련을 통해 각자의 HSP를 깨워보자.

HSP 감각을 일깨우는 훈련

1. 똑같이 생긴 세 개의 컵에 같은 양의 물, 주스, 우유를 담는다.
2. 눈을 감고 손바닥을 아래로 한 채 손바닥을 컵 위 5cm 정도 높이에 갖다 댄다. 각각의 컵에 손바닥을 가져갈 때 느낌에 집중한다. 그리고 손

바닥에 발생하는 기감으로 각각의 컵에 무엇이 들어 있는지 느껴본다. 눈을 뜨고 자신의 감각이 맞았는지 확인한 후 다시 눈을 감는다. 이 과정을 몇 차례 반복한다.

3. 눈을 감는다. 컵의 순서를 바꾼다.
4. 다시 한 번 순서대로 컵에 담긴 내용물을 느낀다.
5. 순서대로 컵에 담긴 내용물을 말한 뒤 눈을 떠서 제대로 느꼈는지 확인한다.

HSP 현상과 HSP 법칙

어린이들에게 고등 감각 인지 HSP훈련을 시키면서 나 자신도 놀라게 되는 많은 사례들을 접하게 되곤 한다. 앞서 말한 고등 감각 인지 능력을 발달시키기 위해 자신의 몸과 마음, 그리고 뇌에 대해서 더 많은 관심을 기울이고 스스로를 훈련하는 과정에서 아이들은 단지 고등 감각 인지 능력만 발달하는 것이 아니라 아이들의 인성, 자신과 주위 사람들, 세상을 대하는 태도가 현저하게 바뀌는 사례가 생겨났다. 소심하고 자폐성향이 있던 아이가 대인관계에서 적극적인 모습으로 바뀌기도 하고, 매사에 자신감이 없던 아이가 자신감을 갖게 되고, 의욕이 넘치는 아이로 변하는 것이다. 어떻게 이런 변화가 일어나는 것일까?

바로 아이들이 '선택'의 힘에 눈을 뜨게 되기 때문이다. 자기 자신의 몸과 마음과 뇌에 대해 관심을 기울이는 과정을 통해 외부에서 주어진 조건이나 상황을 무조건 받아 들여야 하는 것이 아니라, 스스로 무언가를 선택할 수 있고, 선택을 통해서 자신이 원하는 것을 창조할 수 있다는 것을 몸으로 터득하게 되기 때문이다.

아이들의 경우 어른들과 달리 HSP 훈련을 통해서 자기가 느낀 것을 아주 빠른 속도로 자신의 생활에 적용하기 시작한다. HSP 훈련을 하는 자녀를 둔 어느 학부모가 이런 이야기를 들려준 적이 있다.

하루 종일 스트레스에 시달린 어느 날이었다. 아이가 HSP훈련을 받고 집으로 돌아왔는데, 나도 모르게 아이에게 계속 짜증을 냈다. 그러자 일곱 살짜리 아이가 내 소매를 붙잡아 이끌고 소파에 앉히고는 물었다. "엄마, 오늘 무슨 일 있었어요?" 나는 속이 뜨끔했지만 한편 하소연 겸 화풀이로 아이에게 말했다. "엄마, 오늘 회사 일 때문에 화가 머리끝까지 났어. 그러니까 엄마 속 긁지 말고 너라도 좀 가만히 있어." 그러자 아이가 눈을 반짝이면서 이렇게 말했다. "엄마, 나도 오늘 학교에서 짝꿍이 이유 없이 못살게 굴어서 정말 화가 났어요. 하지만 HSP 훈련 받는 동안에 제 마음 속에서, 내 짝꿍이 나를 화나게 한 건 몇 시간 전 일이니까 이제 화는 그만 내는 게 어때, 하는 목소리가 들렸어요. 내 마음이 내게 화를 내지 말자고 하고, 내가 알았어, 하고 대답하니까 화가 안 나요. 엄마 마음은 엄마한테 그렇게 얘기 안 해요?"

이 아이는 선택이 무엇인지를 이해한 것이다. 나는 지난 25년 동안 어린이 및 성인을 대상으로 한 교육을 통해서, 그리고 뇌에 대한 연구와 선택의 힘에 대한 명상, 임상경험을 통해서 HSP 법칙과 현상이라는 개념을 정립했다. 이것은 고등 감각 인지능력으로서의 HSP를 행동철학, 교육철학으로 발전시키고자 하는 노력이다.

HSP를 나는 Health, Smile, Peace로 개념을 확장하고, 미소 Smile를 행복 Happiness으로 연결지어 생각한다. 건강, 행복, 평화는 인간이면 누구나 추구하는 가치이다. 누구나 건강하고 행복하고 평화롭기를 원한다. 그러나 많은 사람들이 건강과 행복과 평화가 밖에서, 환경에서, 조건에서 온다고 생각한다. 그러나 이 책 휴먼 테크놀로지에서 누차 강조하고 있듯이 건강, 행복, 평화는 안에서, 나로부터, 나의 선택에서 시작하는 것이다.

우리는 어떤 상황에서도 건강과 행복과 평화를 선택할 수 있다. 물론 우리의 건강과 행복과 평화를 위협하는 외부적인 조건은 정말 많다. 정치적, 사회문화적 제약에서부터 개인적인 장애까지…. 그러나 그 모든 장애가 있을지라도 우리가 끊임없이 그러한 가치를 추구하고, 매순간 그 가치를 향한 선택을 한다면 우리는 건강과 행복과 평화를 경험할 수 있다.

나는 우리의 뇌 자체가 건강과 행복과 평화를 원한다고 생각한다. 뇌의 주인인 우리가 끊임없이 뇌에게 건강, 행복, 평화를 선택하자고 요구하고 설득하면 우리의 뇌는 그 방향을 따르게 되어 있다. 그리고 스스로 건강, 행복, 평화를 경험할 수 있는 방법을 찾아낸다. 그래서 나는 우리 뇌에는 건강, 행복, 평화, 즉 HSP 현상을 일으킬 수 있는 메커니즘이 있다고 말한다. 그 메커니즘에 불이 들어오도록 하는 스위치는 바로 우리의 '선택'이다.

건강, 행복, 평화는 선택하는 순간 찾아온다. 나는 이것이 많은 사람의 운명을 바꿀 수 있는 하나의 발견이라고 생각한다. 또한 누구나 예외 없이 선택을 통해 이 가치를 경험할 수 있다고 믿기에 나는 이것을 HSP 법칙이라고 이름을 붙였다. 지난 25년 동안의 인간과 뇌에 대한 나의 연구와 발견, 철학을 종합해 보라고 하면 나는 이 한 문장으로 요약하겠다.

"건강, 행복, 평화, HSP는 선택하는 순간 찾아온다."

생활 속의 HSP, 미소의 힘

나는 불현듯 아이디어가 떠오를 때를 대비해 항상 책상 위에 백지를 준비해 두고 있다. 가끔은 수묵화를 그리기도 하는데 글로 표현하기 어려운 이미지나 아이디어들을 더 잘 표현할 수 있기 때문이다. 펜과 컴퓨터는 매우 편리하게 메시지를 전하는 도구이다. 하지만 기의 진동을 통해 순간적으로 존재했다 사라지는 감각을 포착하고 싶을 때는 언어만으로는 부족하다. 차라리 붓으로 그림을 그리거나 북을 치거나 피리를 몇 소절 연주하다 보면 더욱 효과적으로 생각을 정리할 수 있다.

나는 어떤 문제를 깊이 고민하다 보면 어느새 명상의 상태로 들어간다. 그 순간에는 마음이 초연한 상태 속에 머물면서 아주 창의적인 해결책이 떠오른다. 몇 달 전에도 이런 경험을 했다.

초연한 상태에서 내 마음 속에서 뭔가가 움직이는 것을 느꼈고 나는 붓에 먹물을 적셔서 종이로 가져갔다. 붓은 이내 종이 위에 커다란 원을 그리고 그 위에 다시 점 몇 개를 찍었다. 절로 종이 위에 미소 짓는 사람의 얼굴이 나타났다. 내 손은 붓을 움직여 다시 그 미소 짓는 얼굴 좌우로 붓질을 몇 차례 더 했다. 나를 향해 손짓하는 손을 그린 것이다. 붓을 내려놓자 종이에 그려진 미소처럼 내 얼굴에도 미소가 번졌다.

며칠 후 나는 그 그림을 벽에 걸었다. 어느 날 아침 그 그림을 보자 완벽한 HSP 현상이라는 것을 깨달았다. HSP가 완전하게 개발되면 사람들은 '미소'를 짓기 때문이다. 나는 이 그림을 HSP를 상징하는 'HSP 미소'라고 부르기로 했다. 그때 HSP는 건강Health, 미소(행복)Smile, 평화Peace의 줄임말이 된다는 또 다른 아이디어가 떠올랐다. 이 HSP 미소는 힐링 패밀리 운동의 상징이 될 것이다.

HSP는 우리에게 건강과 행복 그리고 평화로 가는 길을 안내한다. HSP의 완성은 얼굴에 나타난 미소로 알 수 있다. 한 사람이 미소를 지으면 또 한 사람이 미소로 화답한다. 그것은 끝없이 이어지는 미소의 고리를 이루며 개인에게는 건강과 행복을 선사하고 사회에는 조화를 불어넣는다. 나는 이 HSP 미소를 볼 때마다 사람들의 밝은 얼굴과 평화로움으로 가득 찬 지구를 떠올린다.

HSP 현상과 법칙을 실현하는 것은 결코 거창하거나 어려운 일이 아니다. 얼굴에 미소를 짓는 간단한 일부터 시작할 수 있다. 스스로

얼굴에 미소를 지을 수 있는 일을 선택하고 다른 사람에게 그 미소를 선물할 수 있는 일을 하루에 세 가지씩만 '선택' 한다면 건강과 행복과 평화로움이 그리 멀리 있는 일은 아니라는 것을 경험하게 될 것이다. 그래서 나는 사람들에게 날마다 세 가지씩 꾸준히 건강하고 행복하고 평화로울 수 있는 작은 행동을 '선택' 해 볼 것을 제안하곤 한다. 승강기에서 만난 낯선 이에게 배려가 담긴 미소를 보내는 것, 도움이 필요한 누군가에게 작은 친절을 베푸는 것, 이런 행동들이 어느덧 일상이 되면 우리의 몸과 마음은 HSP 현상과 법칙을 실현하기 쉬운 체질로 바뀌어 있음을 스스로 알게 될 것이다. 그리고 나뿐만 아니라 내 주변과 이웃, 사회도 그런 사람들이 모인 세상으로 바뀌어가고 있음을 발견하게 될 것이다.

휴먼 테크놀로지를 안내하는 나침반

이 책을 통해 나는 당신이 자신의 창조력을 되찾아 발휘할 수 있기를 희망한다고 수차례 강조했다. 제대로 된 삶을 살기 위해 외부 권위에 의존할 필요가 없다. 당신이 휴먼 테크놀로지에서 말하는 원칙과 실천방법을 이해하고 생활에 활용한다면 당신의 삶은 더욱 풍요롭고 완전하며 평화로워질 것이라고 확신한다. 그러나 휴먼 테크놀로지를 현명하고 효과적으로 이용하려면 먼저 올바른 판단부터 내려야 한다.

어떤 점에서 보면 현대를 사는 개인은 스스로 판단을 내리지 않고 제도화된 지식의 힘에 의존하고 있다. 기존의 원칙에 대항하는 과정에서 사람들은 더욱 발전된 기술과 전문가들을 양산했다. 이 과정은 감각적인 정보를 규격화된 분석법으로 처리하는 과정으로 특징지을 수 있다. 그래서 지식을 습득하면 예측 가능한 기준에 맞춰 변화시켜야 했다. 하지만 나는 그런 모습이 결코 열정과 목적 의식으로 충만한 삶이라고 생각하지 않는다.

기술과 제도와 전문가들을 부정하려는 의도가 아님을 거듭 강조한다. 다만 이런 것들이 당신의 삶에 군림해서는 안 된다는 점을 강조하고 싶을 뿐이다.

우리가 기술의 노예가 아닌 주인이 되기 위해서는 무엇보다 가장 중요한 가치를 선택할 수 있는 능력을 키워야 한다. 정확한 선택을 하기 위해서는 우리가 처한 상황에 대한 모든 정보를 제대로 알고 있어야 한다. 우리가 가진 정보가 오감이라는 조잡한 도구가 모은 자료로 제한된다면 우리의 삶은 자연히 육체적인 현상만이 모여 있는 영역에서 벗어날 수 없을 것이다. 우리 자신과 아이들의 미래를 위해 진정 그런 삶을 원하는가?

내 삶의 주인이 되려면 우선 올바른 판단을 내릴 수 있는 자신감부터 회복해야 한다. 올바른 판단이란 논리와 분석 혹은 체계적인 사고의 결과를 말하는 것이 아니다. 그것은 사고가 우리를 혼란스럽게 할 때 우리에게 길을 안내해 줄 내부의 나침반을 의미한다.

HSP를 개발하면 내면의 나침반을 다시 찾을 수 있다. HSP는 휴먼 테크놀로지를 비롯한 그 어떤 기술을 사용하더라도 우리가 현명하게 대처할 수 있도록 도와줄 것이다.

HSP 법칙은 종교와 국가, 민족과 인종을 초월해서 뇌가 있는 모두에게 통하는 법칙이다. 그 법칙을 알고 실천하는 것은 잃어버린 인간의 순수성을 회복하는 것이기도 하다. 이제까지 이득과 이해관계를 따져온 현대사회의 일반적인 법칙이 아닌 우리의 뇌가 가진 본래의 법칙을 회복한다는 것은 큰 의미가 있는 일이다.

진정으로 훌륭한 의사는 환자에게 치료만 해 주는 것이 아니라 새로운 의지를 가질 수 있는 뜻을 심어주듯이, HSP 법칙은 뇌에 대한 새로운 자각을 통해 뜻과 신념과 삶의 목적을 찾는 일까지도 가능하게 한다. 나는 인류 모두가 원하는 건강과 행복과 평화에 대한 소망이 HSP 법칙을 통해 실현될 것을 믿는다. 인간성 상실의 시대를 넘어 인간성 회복을 이끄는 인류 미래에 대한 희망이 HSP 법칙을 통해 피어나리라 기대한다.

오늘날 당면한 인류의 소망은 인간성 회복이며, 그 열쇠는 뇌에 있다. 인간의 뇌가 경쟁과 승리가 아니라 성장과 완성을 추구할 때,

인간성은 회복될 수 있다. 잠들어 있는 나의 뇌를 깨우고, 건강, 행복, 평화로움이 발현되는 HSP 현상이 나로부터, 가정, 민족, 인류에 확산될 때, 인간성 회복이라는 인류의 꿈은 이루어질 수 있음을 나는 확신한다. 그것이 분열과 대립의 시대, 인간성 상실과 혼란의 시대에 '뇌'를 인류가 가진 마지막 희망이라 부르는 진정한 이유일 것이다.

17

함께 창조하는 내일

성공이 아닌 완성을 추구하라
성공은 돈과 명성으로 성취할 수 있지만 완성은 인생의 사명을 깨닫고
그것을 성취하는 순간에 이룩할 수 있다.
성공으로 가는 길에는 경쟁이라는 포장도로가 있지만
완성으로 가는 길에는 호혜互惠라는 도로만이 있을 뿐이다.

HUMAN TECHNOLOGY

휴먼 테크놀로지는 지난 25년 동안 내가 개인의 성장과 깨달음의 대중화를 위해 활용해 온 실천방법들 중에서 가장 효과적인 것들만 모아 놓은 것이다. 이것들은 개인이 삶의 질을 향상시킬 수 있는 도구일 뿐 아니라 더 행복하고 평화로운 사회를 창조할 수 있는 교육 지침이기도 하다. 나는 휴먼 테크놀로지를 개인, 가족 그리고 공동체를 치유하기 위해 활용할 수 있다고 믿는다. 마지막 장에서는 이 책을 쓰게 된 동기이며 내가 인생을 바쳐 이루고자 한 세 가지 핵심 가치를 설명하고자 한다. 세 가지 핵심 가치는 바로 '지구', '평화' 그리고 '완성'이다.

지구

오늘날 우리가 믿는 가치와 신념은 우리 시대를 반영한다. 그렇다고 그것을 영원한 진리라고 착각해서는 안 된다. 이런 가치의 역사는 인류와 지구의 역사에 비하면 찰나와도 같기 때문이다.

지구는 인간이 경험하는 가장 오래된 존재이다. 그 어떤 신념이나 가치도 지구보다 오래되지는 않았다. 그러므로 지구를 가치 체계의 중심에 세우는 것은 너무나 당연한 선택이다. 만약 지구를 기준으로 윤리관과 도덕관을 새로 세우게 되면 국가, 지역, 종교 안에 갇힌 옹고집과도 같은 완고한 신념체계는 더 이상 중요하게 보이지 않을 것이다. 인류가 천년에 걸쳐 편협한 사고로 완고하게 고집해온 가치들은 일시적이며 상대적인 것에 불과하다는 사실을 깨닫게 될 것이다.

우리가 가치 체계의 중심에 지구를 놓고 타인을 동료 지구인으로 존중할 때 우리는 평화를 위한 주춧돌을 마련할 수 있다.

기존의 언어로는 내가 느끼고 실현하고 싶은 인류애를 도저히 설명할 수 없다. 그래서 새로운 용어를 만들어 내기도 한다. 이러한 계획을 실현하기 위해 나는 지구인 운동 Earth Human Movement이라는 개념을 생각해 냈다.

'지구인'이라는 용어는 우리 모두가 깨달음의 의식을 경험하고 그것을 실천에 옮기기로 결정하는 순간 경험하게 될 의식의 상태가 담긴 개념이 될 것이다. 지구인이 된다는 것은 우리 모두가 하나임을 인식하고 그 깨달음을 실천에 옮기는 것을 의미한다.

지구는 국가, 종교, 민족이 존재하기 오래 전부터 존재했다. 그러므로 우리와 지구와의 관계는 사람이 만든 그 어떤 것보다 우선해야 할 것이다. 지구를 우리 가치의 중심으로 인식하게 되면 스스로를 지구인으로 인식하게 될 것이다. 그리고 그 인식은 영원할 것이다. 우리가 지구인이라는 사실은 너무나 자명해서 실행하고 말고 할 것도 없을 정도이다. 한국인, 미국인, 일본인이기에 앞서 우리 모두는 지구인이다. 이슬람교 신자, 불교 신자, 유대교 신자 혹은 기독교 신자이기 전에 우리 모두는 지구인이다. 그러므로 지구인은 우리의 진정한 정체성이다.

우리가 지구인임을 인식할 때 이름, 종교, 인종과 국적 및 이들에서 기인하는 모든 선입견들의 사슬로부터 비로소 자유로워질 것이다. 우리를 규정하는 최상의 가치가 지구인이 되는 그 순간 우리는 새로운 용기를 얻어 모든 형태의 편협함을 훌훌 털어버릴 수 있을 것이다. 바로 거기에 우리 인류의 미래가 달려 있다.

평화

우리는 평화로운 상태를 잘 알고 있다. 평화는 지구인의 자연스러운 마음 상태이다. 평화는 추상적인 개념이거나 타협으로 결정되는 사항 혹은 수동성의 상징이 아니다. 평화는 인간이 '존재' 하는 상태이다. 평화는 어느 정도 외부 요인에 의해 결정되기는 하지만 근본적으로 개인에게서 비롯함을 우리는 잘 알고 있다. 모든 휴먼 테크놀로지의 원칙과 실천방법들의 목표 또는 효과는 평화를 실행할 수 있는 우리 개인의 능력을 개발하는 것이다. 평화는 다른 사람과 의식적으로 함께할 수 있는 몸의 경험이어야 한다.

우리의 뇌, 마음 그리고 몸에 평화의 체험이 완전히 녹아들게 되면 현실 속에서도 평화를 실현할 수 있다. 모든 사람이 평화를 창조하는 '피스 메이커Peace maker'이다. 자기 인식과 창조력을 개발하기만 한다면 말이다. 평화는 정치 지도자나 정신적 스승의 손에만 맡겨서는 결코 성취할 수 없다. 우리 모두의 뇌, 손 그리고 마음에서 비롯되어야 한다.

완성

세 번째 가치는 바로 '완성'이다. 완성은 완벽과는 구별되는 개념이다. 결함이 없는 상태로서 비교와 평가를 통해 완벽한 상태를 규정할 수 있는 반면, 완벽함과 완벽하지 못함을 모두 포용하는 전체가 완성이다. 그러므로 완성은 매 순간 승리하면서 게임을 창조한다. 완성 안에는 승자와 패자가 없다. 오로지 승자만이 있을 뿐이다.

성공은 상대적인 개념을 지니는 용어이다. 성공은 다른 사람들과의 비교를 통해 판단할 수 있다. 성공은 돈과 명성으로 성취할 수 있지만 완성은 인생의 사명을 깨닫고 그것을 성취하는 순간에 이룩할 수 있다. 경쟁은 성공을 위해 필수적인 것이나 완성을 위해서는 아니다. 경쟁에서는 오로지 승자만이 승리의 술잔을 높이 치켜들 수 있다. 그러나 완성에서는 모두가 승리의 잔을 든다. 성공으로 가는 길에는 경쟁이라는 포장도로가 있지만 완성으로 가는 길에는 호혜 互惠라는 도로만이 있을 뿐이다.

인생의 최고 목적으로 완벽이나 성공이 아닌 완성을 추구한다면 최상의 자아에 도달할 수 있는 새로운 상황을 창조할 수 있다. 자신을 '완벽한' 사람으로 포장하려고 들면 편협한 노력을 경주하게 될 것이다. 하지만 '완성된' 사람이 되기 위해 노력하다 보면 완전히 새로운 사람으로 거듭날 수 있을 것이다.

그때는 더 이상 경쟁에서의 성공이라는 상대적인 척도로만 사람을 평가하지 않을 것이다. 완성이 새롭게 찾은 인생의 영원한 목적이 될 것이다. 그렇다고 완성이라는 가치가 물질적인 성공을 배척하는 것이 아니다. 허상에 불과한 완벽에 도달하고자 물질적인 부를 사용하거나 축적하는 대신 모든 것을 포용하는 관점에서 물질을 바라보는 것이다. 완성을 추구하는 삶은 영적인 성공과 물질적인 성공을 모두 포용할 수 있다. 그리고 개인과 인류 모두의 성공을 포용할 수 있다.

치유

'치유healing'는 이 세 가지 가치를 실천하는 방법이다. 이 책에서 소개한 휴먼 테크놀로지는 바로 기본적인 치유법이다. 그리고 '지구인 운동'이 '힐링 소사이어티Healing Society' 운동을 통해 최초로 세상에 소개된 이유이기도 하다. 휴먼 테크놀로지의 원칙과 실용적인 치료법들을 통해 '힐링 소사이어티'는 '힐링 패밀리Healing Family'로서 더욱 활성화되고 있다.

인류는 치유하고자 하는 소망을 회복함으로써 근본적인 인류애를 되살릴 수 있다. 건강한 사회는 결코 법에 의존하지 않는다. 오히려 깨달음을 얻어 성장하고 서로를 치유하는 사람들에게 의지할 것이다.

치유의 과정을 통해 우리는 몸의 평화, 정신의 평화 그리고 인류의 평화라는 정상에 오르게 될 것이다. 휴먼 테크놀로지가 가족, 사회 그리고 세상을 치유하는 운동을 촉발하여 우리 모두에게 평화와 선의를 가져다 주기를 희망한다.

함께 창조하는 내일

여러분이 제기할 물음에 대한 답을 이 책이 모두 해 주지는 않는다. 이 책에 담긴 메시지는 그 자체만으로는 불완전하다.

다만 물음에 대한 대답은 반드시 존재하며 스스로 묻는 인생의 물음에 대한 답을 찾아야 한다는 사실을 여러분이 깨닫길 바란다. 그리고 살아가면서 부딪히는 문제는 반드시 해결해야 하며 우리는 각자의 미래를 무책임하게 그냥 내버려둬서는 안 된다는 것을 명심하기 바란다.

휴먼 테크놀로지 교육은 지식을 가르치지 않는다. 인류에 대한 사랑에서 출발하는 교육이며 인류는 근본적으로 하나이며 창조적이라는 것을 가르칠 뿐이다. 나는 가족에게 건강과 성 그리고 사랑과 지혜를 통한 인생의 목적을 가르친다면 더 나은 세상을 창조할 수 있으리라 굳게 믿고 있다.

이 책을 가정 생활의 매뉴얼로 생각해 주면 고맙겠다. 이 운동을 지난 20년간 이끄는 동안 나는 가정 생활을 희생해야 했다. 그 점에 대해 매우 가슴 아프게 생각한다. 하지만 내 가족은 항상 나를 믿고 이해 해 주었으며 지금까지 가장 든든한 울타리가 되어 주었다. 나는 가족과 가족을 위한 교육이 얼마나 소중한지 잘 알고 있다. 그리고 말로써는 감히 전할 수 없는 감사와 사랑을 내 가족에게 느낀다.

휴먼 테크놀로지의 목적은 인류애의 회복, 교육의 회복, 모든 인간관계의 회복, 나아가 인간과 자연의 관계 회복이다. 이를 통해 지구인 문명을 창조할 수 있으며 인류를 위한 평화를 실현할 수 있다.

휴먼 테크놀로지에는 핵심적이며 결코 그 의미가 퇴색하지 않는 원칙과 실천방법을 담고 있다. 내 인생의 여행에서 발견한 것을 모두 담은 지도와 다름없는 이 책으로 많은 이들이 좀더 편안한 여행을 할 수 있기를 바란다. 나는 이 책에 선택의 힘을 통해 창조한 삶에 대한 가장 소중한 지식을 모두 모아 보고자 했다.

여기에서 깨달은 사실을 길잡이 삼아 자신의 여행을 떠나길 바란다. 따로 또 같이, 우리는 많은 것을 경험하고 깨닫고 창조해야 한다.

함께 내일을 창조해 나가자. 바로 오늘부터.

"삶에 전문가는 없다.
우리 모두가 자기 삶의 전문가이다.
HT는 삶을 창조하는 것이다."

휴먼 테크놀로지 정보와 만나는 곳

힐링 패밀리 운동 웹사이트

웹사이트 www.HealingFamily.net는 힐링 패밀리 운동의 홈페이지이다. 이 사이트에는 건강에 대한 유용한 정보가 많이 나와 있으며 원활한 가족 관계를 꾸려 나가기 위한 방법들을 소개하고 있다. 이 운동은 휴먼 테크놀로지를 이용하여 사회의 기초인 가정에서부터 더욱 건강하고 평화로운 문화를 키워나가기 위한 운동이다.

힐링 패밀리 워크숍

누구나 전 세계의 단센터가 개최하는 힐링 패밀리 워크숍에 참여할 수 있다. 이 워크숍은 호흡, 기체조, 지압, 뜸과 같은 각종 자가치유법의 원칙과 실천방법에 대해 더 많이 알 수 있는 좋은 기회이다. 이 외에도 단센터는 정기적으로 강연회와 특별 프로그램을 마련해 단전호흡, 도인체조, 명상과 뇌호흡을 알리고 있다. 구체적인 일정과 더 자세한 정보를 원한다면 가까운 단센터나 웹사이트 www.dahnworld.com와 웹사이트 www.Healing-Family.net를 방문하면 된다.

휴먼 테크놀로지 실천서

● 뇌를 경영하는 뇌호흡 시리즈

뇌호흡 이 책에는 뇌호흡의 원칙과 방법론이 나와 있으며, 뇌호흡의 다섯 단계의 뇌 기능을 최적화할 수 있는 방법을 설명하고 있다. 또한 뇌호흡 자기수련 CD가 포함되어 있어 혼자서도 간단한 뇌호흡 수련을 체험해 볼 수 있다.

5분 뇌호흡 〈뇌호흡〉의 다이제스트 판이다. 바쁜 현대인들을 배려하여 수련용어들은 이해하기 쉽게 풀어 쓰고, 언제 어디서나 시간이 나면 틈틈이 따라할 수 있도록 생활 밀착형으로 재구성했다.

아이 안에 숨어 있는 두뇌의 힘을 키워라 미래형 인재를 위한 두뇌개발 자녀교육서로 전국 초, 중, 고 교사 1,500명이 추천한 책! 뇌라는 관점에서 새롭게 조명된 자녀교육의 7가지 원칙은 뇌를 개발하기 위한 분명한 목적과 방향에 대한 중요성을 강조했다. 구체적인 두뇌개발법으로 집중력 트레이닝인 HSP뇌호흡을 소개한다.

뇌호흡 워크북 뇌호흡을 보다 쉽게 익힐 수 있는 실천적인 매뉴얼. 집중력과 기억력, 창의력, 통합적 사고를 길러줌으로써 좌우뇌의 균형을 이루도록 돕는다.

● 현대인의 평생 건강법 생활 단학 총서

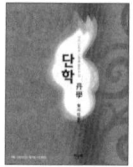

단학 단학은 지식이 아닌 자신의 몸에 대한 이해로부터 출발하여 정신적 차원의 문제까지 해결하는 체험적 교육이다. 1985년 첫 출간후 개정을 거듭하면서 학문적 이론과 수련 원리가 체계적으로 정리된 단학 입문서.

5분 기체조 기를 느끼면서 하는 운동은 잠깐을 해도 그 효과가 여느 운동과 완전히 다르다. 이 책은 기를 느낄 수 있는 가장 간단한 방법을 통해, 누구나 기를 직접적으로 느끼며 동작을 할 수 있도록 상세하고도 체계적으로 안내하고 있다.

우리집 동의보감 단학활공 1, 2 맨손으로 따라하기만 하면 누구나 약손. 맨손을 이용해 경락과 경혈, 몸 안의 장기와 연관된 반사점들을 자극함으로써 몸의 자연치유력을 극대화한다.

증상별 단학도인체조 1, 2 이 책에서는 몸과 마음의 긴장을 이완하고 원기를 회복시키는 도인체조를 체계적으로 설명하고 있다. 도인체조에서 밀고 당기는 동작들은 우리 몸을 자극해 기혈 순환을 원활하게 이루어지도록 한다.

● 진정한 깨달음을 위한 희망의 청사진 일지 총서

힐링 소사이어티 나와 우리를 바꿀 대단한 책! 아마존 독자들 만장일치 평점 별 5개. 저자는 누구나 깨달을 수 있고, 깨달음의 대중화를 통해서만이 인류의 미래는 희망이 있다는 강력한 육성을 통해 인류의 현재와 미래를 바꿀 구체적인 방법들을 제시하고 있다.

힐링 소사이어티를 위한 12가지 통찰 〈힐링 소사이어티〉의 실천편. '깨달음의 대중화'와 '인류의식의 성장'을 위해 활동해 온 저자가 우리 시대의 진정한 깨달음에 대한 보다 깊은 논의와 그 정신을 실천하기 위한 구체적인 방법을 소개한다.

숨쉬는 평화학 〈힐링 소사이어티〉의 완결판. '당신이 평화롭지 않다면 지구도 평화로울 수 없다. 지구가 평화롭지 않다면 당신도 평화로울 수 없다' 한 개인이 어떻게 평화를 느끼고 체험할 수 있는지, 더 나아가 어떻게 우리가 살아가는 사회와 지구에 평화를 실현할 것인지에 대한 구체적인 실천방법과 비전을 담고 있다.

지구인의 꿈 동서양을 막론하고 지구의 영혼을 일컫는 말로 '지구 어머니'라는 말을 사용한다. 인간에게 몸과 마음이 있듯 지구에게도 몸과 마음이 있다. 모든 인간의 생명의 뿌리인 지구를 중심가치로 삼아 모든 생명체가 하나임을 알고, 그 앎을 실천해 나갈 것을 강조한다.

내 삶의 주인이 되는 기술 HT

초판 1쇄 발행 2006년 6월 5일
초판 5쇄 발행 2010년 7월 1일

지은이 · 이승헌
펴낸이 · 심정숙
펴낸곳 · (주)한문화멀티미디어
등 록 · 1990. 11. 28. 제 21-209호
주 소 · 서울시 강남구 논현2동 277-20 논현빌딩 6층 (135-833)
전 화 · 영업부 2016-3500 편집부 2016-3533
http://www.hanmunhwa.com E-mail : book@hanmunhwa.com

편집 · 이미향 강정화 방은진 김은하 최연실 진정근
디자인 · 이정희 이은경 | 그림 · 이부영
마케팅 · 강윤정 조은희 박진양
영업 · 윤정호 목수정 | 물류 · 윤장호 박경수

만든 사람들
책임편집 · 양정인 곽문주 | 디자인 · 이정희 이은경 박은정
출력 · 화이트 | 인쇄 · 대흥프린코 | 제본 · 은정제본

ⓒ이승헌, 2006. Printed in Seoul, Korea
ISBN 89-5699-045-X 03810

잘못된 책은 본사나 서점에서 바꾸어 드립니다.